Rex Lund

El gran libro de los sueños

☼
Vintage Español
Una división de Random House, Inc.
Nueva York

Índice

B

C

D

E

F

G

H

I

Prólogo

Desde hace varios siglos, se ha catalogado el mundo de los sueños como algo mágico. Los antiguos reyes acostumbraban tener un oráculo o adivino que interpretara sus fantasías oníricas, ya que consideraban que de ellas dependía su futuro y el de sus pueblos.

Los intérpretes del onirismo los clasificaron en sueños blancos y negros. Esto significaba que había imágenes que presagiaban el bien y ensueños que anunciaban el mal. La literatura clásica habla de tragedias, como los cuentos, en que las visiones de los reyes presagiaron grandes peligros.

El viejo adagio popular: "Soñar no cuesta nada", a veces resulta falso, sobre todo cuando nuestras alucinaciones han sido heraldos de verdaderas desgracias; cabe señalar que otros sueños, también, han anunciado gratas noticias para la humanidad.

Sacerdotes, brujos, psicólogos y hasta psiquiatras se han preocupado por dar una interpretación satisfactoria a los sueños que, por milenios, han atormentado a los seres humanos. Desde luego, nunca se han logrado poner de acuerdo en el significado de cada sueño.

Las fantasías más absurdas surgen en nuestra mente adormilada con un significado contrario al que aparentan tener; pesadillas terroríficas y dulces quimeras están dentro de la vida de infantes, adolescentes, adultos y ancianos, ninguno de nosotros está exento de tener ensueños, pareciera que es una bendición que nos ayuda a planear mejor nuestro futuro, si recibimos con prudencia y virtud los mensajes que transmiten los sueños.

Muchas veces evitamos comentar a nuestros semejantes el contenido de nuestras visiones, por temor a ser objeto de una burla cruel. Quienes se burlan de los sueños de los demás, lo hacen porque su ignorancia jamás les permitirá descubrir al verdadero mensaje que hay en ellos.

Muchos libros se han escrito sobre la interpretación de los sueños, sin embargo, pocos se han preocupado por abordar con profundidad el tema.

Este libro que hoy tienes en tus manos, resolverá cualquier duda que tengas, con respecto a la interpretación de tus sueños, tú serás quien descubra, en esta obra, la respuesta a las interrogantes que te agobien después de cada sueño.

Para escribir este libro no sólo estudié decenas de obras al respecto, sino que investigué la relación entre los sueños y los hechos subsecuentes ocurridos a muchas personas. La seriedad de las interpretaciones que aquí se exponen está garantizada por mi amplia experiencia en el estudio de la mente humana.

Introducción

El sueño es un estado fisiológico que pertenece al hombre y a los animales superiores; como actividad psíquica sólo se presenta en los seres humanos y se desarrolla con independencia de la voluntad de la persona que duerme; en este período se aprecian escenas, pasajes y sucesos en los que participamos como actores principales o espectadores.

Ilusiones, deseos y fantasías se nos conceden durante los sueños, aunque su realización nos está anunciando una serie de acontecimientos diferentes a los que se nos presentaron.

En la ficción todo es posible; podemos vernos más jóvenes, más viejos, desnudos, mutilados, ricos, pobres, etcétera, los seres que ya fallecieron pueden visitarnos en nuestros sueños, inclusive los que aún no han nacido.

En una ocasión, un amigo que recién había abierto una tienda de muebles, comentó que había soñado que estaba solo, abandonado en un desierto, vendiendo joyas preciosas; se sentía preocupado por el futuro de su negocio, sin embargo, tres meses después se convirtió en el comerciante más próspero del barrio en que se instaló. Aquel sueño en apariencia de mal augurio, le había profetizado el éxito.

Quienes más sufren a causa de sus alucinaciones, son aquéllos que les atribuyen la realidad aparente que muestran, sin pensar en las posibles implicaciones que puedan tener; estas personas requieren descubrir la verdadera intencionalidad que los sueños tienen en la vida.

Las visiones oníricas consideradas como avances del destino, hacen que el reposo sea un alimento espiritual y psíquico; para poder asimilar el verdadero significado de los sueños es necesario sensibilizar nuestra mente al máximo.

A pesar de que todas las personas tienen sueños, no cualquiera asimila la profundidad que encierran. Esto se debe a su ignorancia o incredulidad sobre el tema, la misma ciencia ha reconocido que cualquier visión por inverosímil que parezca, posee un significado y una justificación.

Los psicólogos definen los sueños como una experiencia psíquica, de gran importancia, que tiene verificativo cuando un individuo duerme, señalan que los sueños constituyen un elemento del mundo fantástico.

Los psicoanalistas como Sigmund Freud y Jacques Laccan, descubrieron en la interpretación de los sueños enorme ayuda para el conocimiento de la personalidad de los seres humanos; a través de la interpretación de éstos, el psicoanálisis ha descubierto cuáles son los motivos de las conductas irreflexivas de sus pacientes. En la actualidad, partidarios y enemigos de la corriente psicoanalítica se preocupan por descubrir la verdadera significación de cada uno de sus sueños.

𝔄

ABAD (sacerdote o ministro religioso). Soñarse como abad, representa que muy pronto seremos protagonistas de alguna ceremonia religiosa, que bien puede ser un bautismo, una boda o tal vez algún servicio fúnebre; en ocasiones, puede ser aviso de prevención contra algún complot de nuestros enemigos.

ABADESA (monja relevante o madre superiora). Si una mujer se sueña siendo una abadesa, significa que habrá arbitrariedades en su contra; si sólo se ve a la abadesa sonriente, es sinónimo de buenaventura, pero si se le aprecia enojada o maliciosa, es presagio de momentos muy desagradables en el hogar, la escuela, la oficina, etcétera.

ABADIA (convento, seminario o monasterio). Si se está adentro de la abadía es que habrá enfermedades, problemas de trabajo o legales que nos impiden transitar con libertad; si el edificio de la abadía está en ruinas o derrumbándose, es presagio de graves inconvenientes que entorpecerán los planes que se han trazado.

ABANDONADO   Es señal que habrá bastantes personas (familiares, amigos, clientes, etcétera) junto a nosotros, cuando el abandonado es uno mismo; si la persona abandonada es otra, es muy probable que algún contratiempo provoque que los demás se olviden de nosotros en forma temporal.

ABANICO   Si se está abanicando a sí mismo, es indicio de prosperidad matrimonial; si otra persona tiene el abanico, representa envidia y posible adulterio, o bien el fracaso en algún negocio; si nos están abanicando, entonces habrá nuevos amigos a nuestro alrededor.

ABATIMIENTO   (cansancio o fatiga). Indicio de flaqueza o inseguridad en las acciones que estamos llevando a cabo, cuando los abatidos somos nosotros; si la persona abatida es otra, entonces es señal de que algún ser querido tendrá graves problemas emocionales que le harán sentirse derrotado.

ABEJAS   Si están en pleno vuelo habrá abundancia en recursos económicos, debido a buenos negocios. Si se es atacado por una abeja, habrá infidelidad de algún compañero de trabajo, lo cual puede llevarnos a la ruina, si las abejas están en el piso, entonces estamos en peligro inminente de la quiebra en nuestra economía.

ABISMO   (precipicio). Si se está cayendo al fondo del precipicio, es un aviso de que habrá contrariedades insalvables que nos perturbarán de manera económica y emocional. Si la persona que cae es otra, significa que algún familiar o excelente amigo enfermará de gravedad o sufrirá algún accidente de fatales consecuencias.

ABOGADO   Si uno mismo es el abogado, existe intranquilidad por malas acciones cometidas contra nuestros semejantes, a quienes hemos calumniado u ofendido; si el abogado nos defiende, entonces es un aviso de que algún conflicto legal o administrativo se nos presentará; si se platica con el abogado, indica que estamos perdiendo nuestro tiempo.

ABRAZO   Las personas que nos abrazan nos causarán graves dificultades, por lo que debemos tener precaución con ellas; si se abraza a mujeres, habrá éxito en todo lo que emprendamos; si abrazamos a nuestros padres, sufriremos una traición de la persona en quien más hemos confiado durante mucho tiempo.

ABRIGO   (refugio o amparo). Si se trata de resguardarse contra la lluvia, existen penas ocultas que atormentan nuestra mente; si es contra el frío, hay contrariedades familiares que nos agobian; cuando se busca abrigo contra una fuerte tormenta, se anuncia armonía familiar y en el medio ambiente; contra la nieve, entonces, es el anuncio de algún fallecimiento.

ABUELOS   Cuando ya han fallecido, debemos visitar su tumba o dedicarles alguna oración. Si están vivos, hay que tener precaución con nuestra manera de ingerir bebidas alcohólicas; si se platica con ellos, habrá una serie de problemas difíciles, pero de los cuales, saldremos adelante; si no los conocimos, indica que debemos ser prudentes.

ABUNDANCIA   Si es de emociones, podrá tener la relación amorosa que tanto se ha deseado. Si es de riquezas económicas o bienes materiales, la pobreza y la escasez pronto harán su aparición en nuestra vida; si se trata de oro y piedras preciosas, se perderá a la persona amada, ya que nos será infiel y nos abandonará.

ACADEMIA   (escuela o institutos). Si se está tomando clase, habrá momentos agradables en nuestra vida cotidiana; si sólo se pasea frente a ella, es arrepentimiento por haber desaprovechado oportunidades valiosas; si se es el maestro, habrá experiencias que no asimilaremos, haciendo que seamos derrotados con facilidad.

ACECHO (vigilancia o espionaje). Si se acecha a la esposa, novia o amante, se sufrirá alguna separación temporal, por un malentendido; cuando es al esposo o novio, demuestra que no hay suficiente amor hacia esa persona, por lo cual se desconfía de ella; si se vigila alguna casa, es indicio de que habrá mejores momentos al lado de las personas que se aman.

ACEITE Verlo derramarse es el presagio de una pérdida irreparable; en el caso de que el aceite nos manche, habrá prosperidad y triunfo en los negocios; si se unta de aceite a otra persona, seremos protagonistas de buenos y malos acontecimientos.

ACOSTARSE Si es con una persona desconocida del sexo opuesto, habrá dificultades en el trabajo; con una mujer que nos atrae físicamente, anuncia engaños y estafas de nuestros familiares y personas a quienes se considera verdaderos amigos. Con el cónyuge o esposa habrá malas noticias que afectarán la vida sentimental de la pareja.

ACUEDUCTO Cuando sólo se observa, habrá oportunidad de lograr o incrementar nuestro patrimonio económico y material;

estar abajo del acueducto, representa que tendremos que deshacernos de algún bien material o alguna fuerte cantidad de dinero, para cubrir alguna deuda imprevista como alza en los impuestos o alguna multa.

ADAN Y EVA   Si están desnudos, pronto habrá oportunidad de adoptar a un niño desamparado; si la pareja cubre sus órganos sexuales, entonces se anuncia el posible éxito de algún negocio que recién se ha emprendido; si junto a ellos hay una serpiente, habrá una traición de quienes más estimamos.

ADIOS   (despedida). Cuando es con tristeza y desolación se sufrirá la irreparable pérdida de un ser querido; si se dice adiós a personas muy allegadas, recibiremos sus visitas en fecha próxima para llenarnos de alegría; pero si la despedida es antes de morir es anuncio de que nos estamos alejando de los seres que más estimamos.

ADULTERIO   (engaño conyugal). Cuando se es el adúltero o adúltera, habrá engaño por parte de nuestra pareja; en el caso de ser víctimas, tendremos escándalos y, a la vez, obtendremos algunos beneficios; pero si sólo se es espectador, surgirán problemas ajenos en los que se nos involucrará y resultaremos seriamente afectados.

ADVERSIDAD   (enemistad). Si la adversidad es para nuestros amigos, significa que habrá bienestar y alegría en nuestra vida;

cuando somos nosotros los que la enfrentamos, entonces debemos llenarnos de ánimo para enfrentar las probables desavenencias que se lleguen a presentar en nuestra vida; si es entre desconocidos, habrá nuevos enemigos que enfrentar.

AFEITE (maquillaje). Si nuestra esposa o novia se llena de afeites, es sinónimo de que somos imprudentes. Cuando la mujer es desconocida estamos engañándonos a nosotros mismos; cuando la mujer está maquillada, en exceso, deberemos desconfiar de las personas que aparentan estimarnos demasiado, ya que están fingiendo.

AFEITARSE (rasurarse). Rasurarnos a nosotros mismos, es aviso de que enfrentaremos la pérdida de negocios, inversiones, bienes materiales, salud mental o física; rasurar otra persona es indicio de que mejorará nuestra situación económica, así como nuestra integridad física, además de que tendremos armonía.

AGONIA Cuando los agonizantes somos nosotros, debemos poner al corriente nuestros negocios, porque enfrentaremos alguna enfermedad o un accidente que puede ser leve o de graves consecuencias; si quien agoniza es otra persona, nos llegarán buenas noticias con respecto a la obtención de bienes materiales que siempre habíamos deseado tener.

AGRICULTURA Dedicarnos a la agricultura es un vaticinio de una felicidad total, en la cual estaremos acompañados de los seres por los que sentimos un gran cariño y amistad; soñar que otras personas son los agricultores, entonces es un indicio de que no estamos dedicando la debida atención a las actividades que estamos desarrollando.

AGUA Si se está bebiendo, hay peligro de un ataque por parte de nuestros enemigos; cuando cae en abundancia sobre nosotros, habrá prosperidad económica y aumentarán nuestros bienes materiales; si derraman agua bendita sobre nosotros, entonces nuestra alma tiene tranquilidad para enfrentar el camino a la muerte; negar agua a los demás advierte la ruina total.

AGUARDIENTE Tomarlo, indica que tendremos demasiados placeres sexuales que, más tarde, nos ocasionarán bastantes problemas y el divorcio o alejamiento de la persona amada; dar aguardiente a los demás es señal de que habrá aventuras amorosas, libres de cualquier complicación posterior.

ÁGUILA Si el águila vuela sobre nosotros, estamos actuando con prudencia en nuestras acciones, cuando el águila nos ataca, debemos arreglar los asuntos pendientes en nuestra vida; pero si el águila está parada sobre la cima de una montaña, muy pronto habrá un hijo que alegre nuestro matrimonio.

AHOGADO Si el ahogado es otra persona triunfaremos en

nuestros proyectos, y estaremos llenos de buen humor; cuando nosotros somos los ahogados, nuestros negocios tendrán un magnífico auge, pero si alguien nos rescata, entonces nuestros enemigos tratarán de causarnos graves pérdidas económicas que nos llevarán a la pobreza total.

ALACRÁN   Ver que pasa frente a nosotros, las personas más allegadas a nosotros nos traicionarán, causándonos una gran decepción; soñar que nos está atacando, indica que sentimos ansiedad por nuestros problemas e inconscientemente culpamos a las personas a quienes más queremos.

ALTARES   Observar un altar es un indicio que la religión es el camino que debemos abrazar, ya sea como clérigos o como buenos creyentes; estar orando en un altar señala que pronto acudiremos como protagonistas a una boda, bautizo o primera comunión; si está por los suelos y la iglesia en ruinas, la melancolía y la desgracia se presentarán en nuestra vida.

AMANTES   Soñar que se realiza el acto sexual con un(a) amante desconocido(a) indica que nuestra vida emocional con nuestra pareja está atravesando por una crisis; estar en compañía de un(a) amante que en realidad lo es, significa que es imprescindible alejarse de esa persona, ya que está fingiendo sus sentimientos hacia nosotros.

ARROYO   Cuando el agua es transparente y nítida, demuestra que habrá un futuro promisorio en nuestro trabajo; si el agua está pestilente y llena de suciedad, graves peligros acechan nuestra vida; igual si está seco, habrá malestares físicos que nos impedirán realizar las actividades que teníamos planeadas.

ATAÚD   Si estamos dentro del ataúd debemos buscar el perdón de aquéllos a quienes hemos ofendido; cuando es otra la persona que ocupa el ataúd, entonces debemos acercarnos más a nuestros semejantes dándoles grandes momentos de alegría.

AVIÓN   Cuando viajamos en él, vaticina que realizaremos un viaje de placer, en el que experimentaremos una serie de bellas emociones; soñar que vuela sobre nosotros, es presagio de que algún pariente lejano pronto nos visitará.

B

BAILARINA   Si nos dedicamos a bailar, entonces debemos tratar de salir de nuestros problemas, para alcanzar la meta de nuestras aspiraciones; observar a otra persona bailando, es indicio de que nuestro comportamiento con familiares y amigos no es el adecuado y nuestra reputación se está afectando por el mismo motivo.

BALAS   Soñar balas fuera de un arma de fuego es una señal de que en fecha próxima un terrible peligro nos acechará, si las balas son disparadas contra nosotros, es el augurio de que padeceremos problemas económicos que cambiarán nuestros hábitos, cuando dichas balas logran alcanzarnos, entonces podemos sufrir un asalto.

BALCON   Observar un balcón con detenimiento es un aviso de que la buena suerte habrá de acompañarnos en nuestras futuras actividades; estar en un balcón indica que tendremos una excelente oportunidad para conocer a grandes personajes de la política y el arte del país en que vivimos.

BALLENA   Nadar en el mar y ser atacado por una ballena, nos avisa de graves peligros en los que nos veremos envueltos sin remedio; soñar que la ballena está en altamar, nos señala que a nuestro lado hay personas que nos ayudarán a salir victoriosos en los problemas que se nos presenten.

BANCO   Robar un banco manifiesta éxito en futuros negocios que acabamos de emprender; realizar una operación financiera es un aviso para que pongamos al corriente nuestros adeudos, y así evitar problemas legales; estar afuera de un banco, indica que pronto tendremos buenas noticias que fortalecerán nuestra economía.

BANDOLEROS Si nosotros somos los bandoleros debemos protegernos al salir a la calle; observar a unos fascinerosos robando a otra persona es un buen augurio en nuestra vida familiar.

BANQUETE Cuando el banquete es de bodas, la buena suerte y la prosperidad inundarán nuestros negocios; en el caso de que comamos y bebamos demasiado, durante el banquete, es una señal para que seamos precavidos en los gastos que realizamos, ya que cualquier exceso puede llevarnos a la ruina total.

BAÑO Estar bañándonos en el mar nos avisa que al fin nos serán reconocidos nuestros esfuerzos; bañarnos con agua muy caliente indica que alguno de nuestros familiares nos causará un disgusto bastante desagradable; si nos estamos bañando con agua fría habrá paz y armonía en nuestro hogar.

BARCO Viajar en un barco es indicio de felicidad y alegría en nuestras inversiones y negocios; una nave a punto de naufragar, es mal augurio en nuestra salud, por lo que debemos asistir al médico para atender cualquier malestar; contemplar un barco solitario sobre el mar, augura graves peligros en nuestros viajes de negocios o placer.

BARRER Estar barriendo nuestra casa es una buena señal de que tendremos salud y bienestar; barrer una bodega es una advertencia para que no emprendamos ninguna empresa por el momento, ya que si lo hacemos, fracasaremos con estrépito; si se barre la calle, seremos víctimas de intrigas por parte de personas a las que acabamos de conocer.

BARRO (lodo). Estar llenos de barro, las enfermedades te llevarán a estar en cama por un tiempo prolongado; caer en un lugar lleno de lodo augura que la fortuna estará presente en las próximas empresas que realizaremos, en el aspecto económico y de bienes materiales; soñar que otra persona cae en el barro, indica que nuestros amigos nos causarán un malestar físico, además de robarnos dinero.

BATALLA (guerra). Participar en una cruel y sangrienta batalla, demuestra que tenemos un gran resentimiento contra las personas que nos han ocasionado humillaciones, observar sólo el campo de batalla nos anuncia que seremos objeto de las más despiadadas persecuciones por parte de nuestros enemigos, por lo que debemos evitar cualquier enfrentamiento con ellos.

BAUTISMO Ser invitado a una ceremonia bautismal, nos presagia una serie de agradables acontecimientos que nos harán sentir llenos de felicidad. Si los bautizados somos nosotros, entonces debemos visitar a un sacerdote o ministro religioso para expiar nuestras culpas.

BESOS Besar el piso o la tierra, nos presagia que seremos degradados y humillados por personas en quienes tenemos la más absoluta confianza y consideramos como nuestros mejores amigos; besar en la boca a una mujer es indicio de que nos hace falta el amor femenino; besar a un niño, significa que anhelamos ser padres.

BIBLIOTECA Estar leyendo dentro de una biblioteca es una señal para que consultemos a un experto, antes de realizar el proyecto que tenemos en mente, ya que de no hacerlo, fracasaremos por nuestra ignorancia sobre el tema; pasar frente a una biblioteca, nos indica que en la lectura está la respuesta a muchas de nuestras interrogantes.

BILLETES Tener billetes (pesos, dólares, etcétera) en las manos indica que pronto tendremos un gran amor que nos llenará de felicidad. Comprar billetes de lotería y estar viendo el número de serie, es señal de que debemos comprar los billetes con las tres últimas cifras. Si en el sueño no distinguimos los números, entonces, es presagio de gastos infructuosos.

BOSQUE Estar solo en un bosque sin ninguna persona a nuestro alrededor, es augurio de las más terribles preocupaciones; si el bosque se encuentra lluvioso y a nuestro lado está una persona amada, entonces, ella está en graves problemas y requiere nuestra ayuda; cuando el bosque está soleado y a nuestro lado hay enemigos, tendremos éxito en los negocios.

BRUJAS Soñar con brujas hermosas, avisará graves peligros que nos serán ocasionados por mujeres de gran belleza, a quienes consideramos muy nobles; si las brujas son horribles, debemos tomar precauciones con aquellas personas que aparentan ser nuestros amigos.

BUITRES Si están volando sobre nuestra cabeza, existe la posibilidad de que en fecha próxima nos encontremos enfermos; si nos atacan y logramos ahuyentarlos, es una señal de que enfrentaremos grandes retos, de las que saldremos triunfantes.

CABALLOS Montar un caballo en medio de grandes llanuras, es un indicio de buena suerte en las futuras acciones que emprendamos; observar un caballo negro en un potrero es un augurio de graves dificultades en nuestra vida emocional y laboral; si el corcel es blanco y corre libre por las praderas, la muerte nos acecha por lo cual debemos cuidar nuestra salud.

CABELLOS Cuando la cabellera es femenina y escasa es un mal augurio de enfermedades, pobreza y hambres, si los cabellos son de un hombre y están encanecidos, surgirá una deuda económica que desequilibrará nuestro presupuesto; si la cabellera es de una mujer joven y pulcra, surgirán nuevas amistades y buenos negocios.

CABEZA Soñar con una cabeza sin cuerpo, nos indica que tendremos grandes momentos de libertad; cuando la cabeza es de color blanco, es una señal de grandes alegrías; estar lavándose la cabeza, es aviso de un grave peligro, que no logrará hacernos daño; si nos cortan la cabeza, entonces tendremos buena salud, así como suerte en nuestras actividades.

CADAVER Estar besando a un cadáver, es un indicio de que gozaremos de larga vida; observar al extinto dentro de su ataúd es un presagio de próximos problemas que tardaremos demasiado en resolver; pasar frente a los despojos de un animal es un aviso de que habrá graves problemas causados por el odio y la envidia de nuestros más acérrimos enemigos.

CADENAS Cuando las cadenas están rotas, nos enfrentamos a malentendidos que pondrán en duda nuestra moralidad, ante las personas que más nos interesan; estar encadenado es señal inequívoca de terribles privaciones y excesivos gastos imprevistos, aunque después saldremos venturosos de esa terrible mala racha.

CADERAS Soñar unas caderas voluptuosas y bien formadas, nos indica que nos veremos involucrados en alguna aventura inesperada; si las caderas son anchas, entonces tendremos éxito en cualquier relación amorosa que emprendamos en un futuro no muy lejano.

CAER Sentir que estamos cayendo, es un indicio de que pasaremos por una etapa depresiva a causa de disgustos que nos causarán nuestros seres más estimados; si caemos y nos levantamos, recibiremos demasiados honores; caer al mar es una señal de que surgirán algunos imprevistos que nos provocarán grandes desembolsos económicos.

CAFÉ Tomar una humeante y exquisita taza de café nos avisará una larga y confortable vida; estar solo en una cafetería, es señal de que nos divorciaremos o alejaremos de nuestra pareja; beber café en un velatorio, nos anuncia que disfrutaremos con alegría en opíparos banquetes, agradables fiestas, así como visitas a los mejores centros nocturnos.

CALABOZO   Soñar que se está encerrado dentro de un calabozo es señal de que estamos enamorados de una persona a quien conocemos desde hace poco tiempo; ver a un amigo o algún familiar encerrado dentro de un calabozo significa que quienes nos han causado malestares están en realidad arrepentidos y esperan nuestro perdón.

CALAVERA   Observar una calavera en nuestra mesa o escritorio de trabajo es una invitación para que nos ocupemos de los asuntos sentimentales que hemos descuidado hasta ahora, si la calavera habla, nos indica que recibiremos expresiones puras y sinceras de amor y amistad por parte de nuestros semejantes más próximos.

CALENDARIO   Estar observando una fecha determinada en el calendario, significa que ese día ocurrirá un suceso importante que cambiará en forma definitiva el transcurso de nuestra vida. Sólo hojear el calendario quiere decir que no estamos desempeñando nuestro trabajo con el empeño y la dedicación suficiente para llegar a ser auténticos triunfadores.

CALENTADOR   Encender el calentador de gas, significa que tenemos pereza para levantarnos de la cama y desarrollar tal actividad; prender un calentador de leña es un indicio de que tendremos algunos problemas que enfrentar, pero contaremos con todo el apoyo de nuestros familiares y amigos más cercanos, por lo cual no debemos preocuparnos.

CALLE Estar solo en una gran calle sin tráfico y transeúntes nos indica que debemos asistir con más frecuencia a lugares amplios, en los que podamos movernos con libertad; atravesar grandes calles, llenas de automóviles y personas, es un aviso de que seres queridos nos abandonarán; caminar por una calle angosta y oscura presagia la muerte de un gran amigo.

CALVO Si se sueña que estamos en una fiesta en la que hay varios calvos, nos augura un triunfo importante en los negocios que hoy desarrollamos. Soñar que ya nos quedamos calvos, es un aviso de que en fecha próxima ingeriremos bebidas alcohólicas en una reunión social; contemplar a otra persona calva es presagio de riquezas efímeras.

CAMA Soñarse acostado en una confortable cama es augurio de que tendremos excesivo trabajo y poco tiempo para descansar; si estamos realizando el acto sexual, indica que estamos pasando por un periodo de insatisfacción o abstinencia sexual; ver a nuestro(a) cónyuge en la cama con otra persona es un aviso de que sentimos inseguros de nuestra relación.

CAMPAMENTO Estar en un campamento en el bosque significa que pronto seremos víctimas de un engaño por parte de aquéllos a quienes consideramos nuestros mejores amigos.

CAMPANARIO   Observar el campanario de una iglesia nos llenará de poder y fortuna; estar dentro de un campanario convertido
en ruinas indica que perderemos nuestra fuente de ingresos económicos, por lo cual deberemos buscar un nuevo empleo, para
cuando ocurra tal desgracia; ver un campanario lleno de aves negras
indica peligro de muerte.

CAMPANAS   Escuchar el tañer de las campanas, quiere decir
que nuestros enemigos tratarán de amedrentarnos con engaños, falsas alarmas e intrigas; observar sólo las campanas de una iglesia es un
buen augurio en los negocios. Si los carrillones son de oro, seremos
agredidos físicamente por una persona de aspecto elegante.

CANARIO   Soñar con un canario dentro de su jaula, indica
que debemos esperar aún más tiempo el éxito que pensábamos
tener entre las manos; observar a un canario volando, es una señal
de que en los siguientes días necesitaremos realizar un viaje inesperado, el cual representará nuevas alternativas para nuestra vida
en el futuro.

CANGURO   Observar en sueños a este animal marsupial, siempre augura la proximidad de una proposición de un mejor empleo
o negocio lucrativo, aunque muy absorbente y agotador.

CANSANCIO   Cansarnos después de haber caminado por varias calles de la ciudad quiere decir que no debemos discutir dema-

siado en los asuntos de trabajo o negocios, porque puede resultar perjudicial; estar cansados después de cargar demasiados bultos o paquetes significa que surgirán problemas familiares que nos harán sentir muy agobiados.

CARCEL Estar encarcelados es un buen indicio de que estamos desempeñando nuestro trabajo en forma demasiado eficiente; visitar a un amigo o familiar en la prisión, significa que debemos ayudar a esa persona económicamente, ya que tiene fuertes deudas que no puede saldar; ver un penal destruido es libertad total para emprender negocios.

CARIDAD Pedir caridad a nuestros enemigos significa que no podrán hacernos ningún daño, aunque su deseo sea fastidiarnos; ser caritativo con enfermos, pendencieros y limosneros que soliciten nuestra ayuda es un mal augurio, ya que en los próximos días sufriremos algunos contratiempos, que nos obligarán a pedir ayuda a los demás.

CARRETON Viajar en un carretón de paja significa que pronto tendremos una relación amorosa o amistosa con quien tanto hemos deseado; observar un carretón lleno de basura presagia graves problemas con las personas a quienes les tenemos gran confianza; cargar un carretón con monedas, es un aviso de problemas financieros.

CEMENTERIO   Estar dentro de un camposanto en una noche oscura y de terrible tempestad, es la señal de que aparecerán en nuestra vida personas a las que amaremos con intensidad; visitar un cementerio en un día soleado es el augurio de que una persona ligada a nosotros fallecerá sin que podamos hacer nada por evitarlo.

CERVEZA   Tomar una exquisita cerveza fría, es señal de que seremos invitados a un gran banquete en donde disfrutaremos de exquisitas bebidas; bañarnos en cerveza es una advertencia para que controlemos nuestra forma de ingerir bebidas embriagantes, ya que de no hacerlo, nos enfrentaremos a grandes problemas familiares.

CHARLATAN   Escuchar a un charlatán engañar a una o varias personas significa que no debemos hablar públicamente de un tema del cual tengamos poca información o lo desconozcamos; si los charlatanes somos nosotros, entonces nos veremos involucrados en un asunto de infidelidad conyugal, en el cual apareceremos como culpables sin serlo en realidad.

CHIMENEA   Estar junto a una chimenea ardiendo, quiere decir que debemos buscar la amistad de personas mayores que nosotros, ya que nos brindarán protección y cariño; si el fogón se encuentra apagado, entonces debemos prepararnos para recibir una noticia desagradable que modificará de manera radical todo aquello que habíamos planeado.

CHINOS(AS)   Soñar que tenemos amistad o relación amorosa con personas de nacionalidad china, es el indicio de que en fecha próxima emprenderemos un viaje en el que conoceremos a personas nobles y de buen corazón; estar en un café de chinos, significa que vamos a realizar algunas operaciones comerciales que nos redituarán los mejores beneficios, sin gastar demasiado dinero.

CHISME   Soñar que se nos involucra en un chisme quiere decir que nos enfrentaremos a una serie de conflictos, provocados por algunos de nuestros "supuestos amigos"; si somos nosotros los que iniciamos el chisme, entonces es un indicio de que tendremos que rechazar cualquier proposición amorosa con personas más jóvenes que nosotros.

CHICLE   Ver que otra persona masca chicle, significa que ella nos despierta una gran antipatía; si somos nosotros los que mascamos chicle, entonces refleja que pasamos por una etapa de carencia total de afecto, debido a nuestra manera de actuar con el sexo opuesto, por lo cual debemos ser más amistosos.

CIGARROS   Fumarse un cigarro en un lugar solitario quiere decir que debemos realizar un viaje de descanso, ya que en caso contrario sufriremos alguna grave enfermedad; fumar en pipa significa que tenemos que vestir con formalidad para atraer la atención de las personas que nos interesan; ver que otros fuman es presagio de embustes contra nosotros.

CIELO   Soñar con un cielo despejado es un indicio de que sufriremos los embates de una crisis emocional que agobiará a la persona a la que más amamos; si el cielo está nublado significa que podemos estar tranquilos, a pesar de los problemas que nos aquejan, ya que saldremos victoriosos de todos ellos.

COBARDÍA   Mostrar cobardía ante nuestros enemigos es una advertencia para que actuemos con prudencia en cualquier acción que emprendamos; si nuestros enemigos son los que se muestran temerosos ante nosotros, es un aviso para que actuemos con firmeza y decisión en todo asunto relacionado con nuestro bienestar y el de quienes más nos estiman.

COCHE   (automóvil). Ser dueños de un coche último modelo, anuncia que existen grandes probabilidades de que el nacimiento de un niño ilumine nuestro hogar, llenándolo de sorpresas y bendiciones; tener un automóvil de modelo atrasado o antiguo es indicio de que tendremos demasiados apuros económicos y carencias, como resultado de algunos gastos infructuosos.

CORRER   Soñar que corremos sin ser perseguidos significa que la buenaventura nos acompaña en nuestra vida laboral y emocional;

correr al ser perseguidos, es una advertencia de que sufriremos un desengaño por parte de una persona a la cual considerábamos de gran confianza; observar a niños corriendo anuncia alegría y amor para nosotros.

CRUZ   Soñar la crucifixión de Cristo es una invitación para que llevemos una vida más ordenada y ayudemos a nuestros semejantes en sus problemas emocionales; ver un crucifijo en un altar indica buena suerte.

DADOS   Jugar a los dados quiere decir que no estamos prestando atención a problemas en verdad importantes, y que pueden causarnos pérdidas económicas de gran consideración; ver a otras personas jugar a los dados, es un aviso de que ocurrirá una desgracia a un amigo o familiar que vive muy cerca de nosotros y a quien no hemos visto en varias semanas.

DAMA   Soñar con una bella y elegante dama vestida de blanco significa que en fecha próxima asistiremos a unas pompas fúnebres; si la dama viste de negro es una invitación para que abandonemos nuestra vida de despilfarro, porque pronto quedaremos en la ruina; besar a una bonita dama significa que debemos ser más amables con nuestros semejantes.

DECENCIA   Estar al lado de una persona muy decente que frecuentamos con regularidad, indica que tenemos grandes deseos ocultos de conocerla en sus relaciones sexuales; si nosotros somos la persona decente, significa que nos gustaría actuar con más libertad, pero los prejuicios sociales nos impiden hacerlo.

DENTISTA   Visitar a un dentista para extraernos una pieza dental quiere decir que deseamos, inconscientemente, separarnos o divorciarnos de nuestra pareja, pero no nos atrevemos a comunicárselo; soñar que nosotros somos dentistas es un presagio de que muy pronto tendremos que acudir a un odontólogo por algún malestar dental muy agudo.

DESAFÍO   Retar a nuestros padres es muestra de que les guardamos gran resentimiento por problemas del pasado; si nos provocan otras personas, quiere decir que tenemos un problema que resolver.

DESMAYO Soñar que sufrimos un desmayo anuncia una gran sorpresa que cambiará de inmediato el sentido de nuestra vida; si se desmaya la persona a la que más amamos, entonces habrá graves desavenencias en nuestro hogar que nos causarán sufrimientos; si una bella mujer o un apuesto caballero (según el sexo), se desvanece en nuestros brazos, es presagio de nuevo romance.

DESNUDARSE Hacerlo en público es un deseo de enseñar a los demás nuestras cualidades intelectuales, pero debido a nuestra timidez no lo hemos logrado; ver desnuda a una mujer, indica que nos gustaría tener amistad o relación amorosa con personas desinhibidas y en verdad sinceras, que nos contagien su comportamiento.

DESTITUCION Ser destituidos de nuestro cargo en el trabajo, indica que debemos prepararnos para un próximo cambio desfavorable en el aspecto laboral; soñar que algún político o funcionario público es destituido por inepto o por corrupto, quiere decir que estamos en contra del sistema de gobierno del país en que vivimos; destituir a nuestros empleados significa que no debemos ser injustos.

DIABLO Soñar que un ente diabólico nos persigue, demuestra que estamos inseguros de actuar con equidad en todos los aspectos de nuestra vida diaria; estar atrapados por el Diablo, significa que nos sentimos esclavos de la negatividad que hace que tal frustración invada nuestro pensamiento; ser adoradores de Satanás, indica que deseamos enfrentarnos a todo lo convencional.

DIADEMA Ver que una niña porta una diadema sobre su cabeza, representa nuestra necesidad de poder lograr que nuestra hija nos obedezca; si quien porta la diadema es nuestra esposa, entonces nos sentimos incomprendidos por ella; una diadema de brillantes sobre una hermosa mujer, refleja nuestro deseo de vivir un tórrido romance con una amante.

DILIGENCIA (carruaje). Viajar en una diligencia tirada por corceles negros y aterciopelados indica que pronto se reconocerán algunos de nuestros esfuerzos, tanto en los negocios o el trabajo, como en el hogar; si el carruaje lleva dentro un hombre o una mujer con vestimenta en color blanco, es un presagio de que la muerte está muy cerca de nosotros.

DILUVIO Observar que cae un diluvio sobre la ciudad en que vivimos, es un indicio de que tenemos graves problemas, los cuales no podemos resolver sin la ayuda de otras personas; perecer ahogados en un diluvio, denota que nos sentimos derrotados por no poder alcanzar las metas que con anterioridad nos habíamos propuesto para ser triunfadores.

DINERO Tener grandes cantidades a nuestro alcance, demuestra nuestra impotencia para encontrar los verdaderos goces espirituales, que produce el vivir con dignidad, carecer de dinero es un aviso para que pongamos a funcionar todas nuestras habilidades para que nuestros recursos financieros sean manejados con toda prudencia y la mejor utilidad.

DIVERSION Divertirnos en una reunión social quiere decir que nunca nos hemos brindado la oportunidad de convivir con aquellas personas con las que tenemos contacto permanente en nuestra vida cotidiana; observar que todos se divierten, mientras nosotros sufrimos, representa la ambición que tenemos por lograr ser aceptados por nuestros semejantes.

DOMINO Soñar que jugamos una partida de dominó, refleja la falta de distracciones en nuestra vida diaria; jugar dominó con fichas negras es un augurio de que en fecha próxima tendremos problemas que nos parecerán difíciles de resolver, pero que podremos solucionar, si actuamos con la mayor prudencia y astucia posibles; ver que otros juegan dominó es señal de que seremos engañados.

DORMIR Estar durmiendo en compañía de una persona del sexo opuesto, a quien con frecuencia vemos en la calle o en el trabajo, quiere decir que debemos ser más amables con ella; si la persona es del mismo sexo, entonces tenemos que ser amistosos, pero muy prudentes con ella, ya que puede ser una trampa para hacernos alguna traición, ahora o después.

DRAGON   Ser perseguidos por un dragón enorme, indica que estamos concediendo a nuestros problemas una importancia mayor de la que en realidad merecen; enfrentarnos a un feroz dragón, es un aviso para que afrontemos con la mayor entereza todo problema que se nos presente, tener un dragón en casa, quiere decir que la buena suerte nos acompaña para hacernos triunfar.

DUENDE   Vivir en un bosque lleno de duendes, presagia una serie de conflictos a los cuales nos enfrentaremos, si no seguimos el camino de la prudencia; estar platicando con un duende, nos invita a resolver todas nuestras dificultades a través del diálogo y la concertación y no mediante la violencia y la ignominia.

ELECCIONES   Estar en una casilla electoral votando, significa que tu candidato preferido es un hombre corrupto y sin escrúpulos; ver a otras personas votar indica que pronto tendrás problemas fiscales y legales por mala voluntad de los funcionarios públicos; ser el candidato a un puesto de elección es señal de que pronto tendrás problemas laborales.

ELEVADOR Soñar que se permanece dentro de un ascensor subiendo y bajando, sin poder salir de él, es una señal de que algún problema legal o alguna enfermedad, nos impedirá salir a la calle durante mucho tiempo; si el elevador sube y sube, sin poder bajar, entonces habrá un gran peligro que nos acecha en nuestros negocios.

ELEGANCIA Abrazar y besar a un hombre o dama vestidos con elegancia, significa que antes de enamorarnos de alguna persona, debemos evaluar sus verdaderos sentimientos. Estar vestidos con la mayor elegancia, representa nuestros deseos de poder destacar en todos los ámbitos de nuestra vida; estar en medio de personas elegantes presagia nuestra futura muerte.

EMBOSCADA Sufrir una emboscada por parte de nuestros enemigos, significa que tenemos las mejores posibilidades de resultar triunfadores en los problemas que ahora enfrentamos; preparar una emboscada a otra persona nos invita a que utilicemos primero los buenos modales, antes de enfrentarnos a las personas con las que tenemos alguna dificultad.

ENEMIGOS Tener demasiados enemigos, expresa nuestra falta de paciencia para resolver los problemas en el momento en que surgen; ser atacados con un puñal por un enemigo, quiere decir que estamos siendo asediados por malas personas que, aunque parecen buenas, lo único que buscan es ganarse nuestra confianza para después destruirnos.

ENFERMEDADES   Estar enfermos en cama, es un aviso para que permanezcamos en casa el mayor tiempo posible, para evitar algún imprevisto desagradable; ver enfermo a uno de nuestros seres más queridos, nos señala que debemos dedicarles más tiempo, ya que nuestro abandono les hace sentir profunda tristeza; soñar con una epidemia de enfermos, presagia alguna calamidad a la que nos enfrentaremos.

ENTIERRO   Acudir al entierro de nosotros mismos, indica que estamos actuando de manera adecuada, por lo cual no debemos tomar en cuenta las críticas de los demás; si el entierro es el de alguna persona a la que estimamos o amamos demasiado, entonces pronto sufriremos el abandono de nuestra esposa, nuestros hijos, o algún gran amigo, por lo cual tenemos que prepararnos.

ENVENENADO   Ser envenenado por personas a quienes consideramos entre nuestros más allegados, es una advertencia para que dejemos de ser tan ingenuos, y permanezcamos en constante alerta ante cualquier peligro; si somos nosotros los que envenenamos a otras personas, significa que deseamos mencionarles sus errores, pero nos da temor hacerlo.

ESCALERA   Pasar por debajo de una escalera, cuando se es demasiado supersticioso indica que debemos enfrentar y desafiar tales ideas, si queremos ser respetados por nuestros semejantes; subir una escalera que nunca termina, quiere decir que nos sentimos agobiados por problemas que carecen de la importancia que les hemos dado.

ESCRIBIR   Escribir una carta a nuestra esposa(o) es deseo de separarnos un tiempo de ella, para meditar si en realidad la amamos; si la carta es para nuestra(o) amante, es una demostración de que es a esa persona a quien en verdad queremos, pero los absurdos prejuicios sociales nos impiden vivir felices a su lado.

ESCOMBROS   Ver que la ciudad en que vivimos ha quedado reducida a escombros, manifiesta nuestra inconformidad para seguir viviendo en tal lugar; llegar a nuestra casa y encontrarla hecha ruinas, refleja nuestro temor a enfrentar los problemas que nosotros hemos propiciado en el hogar por nuestra indolencia.

ESFUERZO   Realizar el mayor esfuerzo por escalar una montaña, es un indicio de que comenzaremos a luchar para sentirnos libres de las opresiones del trabajo y del hogar. Esforzarse por encontrar a una persona que nos atrae, pero que no conocemos indica que necesitamos un nuevo romance.

ESMERALDAS   Tener un bello collar de esmeraldas en nuestro cuello, es deseo inconsciente de vivir rodeado de lujos y riquezas inútiles para lograr atraer la admiración de nuestros semejantes; poseer una esmeralda, quiere decir que a nuestro lado contamos con una persona muy valiosa a quien por descuido no hemos apreciado lo suficiente.

ESPADA   Luchar con una espada en la mano contra algún dragón o animal salvaje, demuestra nuestra carencia de valores morales, así como el deseo de desechar los vicios que nos hacen sentir agobiados; combatir con una espada a nuestros enemigos significa que debemos estar preparados para cualquier sorpresa desagradable.

ESPECTROS   Sentirnos perseguidos sin tregua por aparecidos es temor a enfrentar los problemas que nos impiden ser felices y vivir en armonía; ver que los espectros se apoderan de la persona a la que más amamos es una señal, de que pronto sufriremos algún desengaño en la relación amorosa que ahora vivimos.

ESQUELETO   Estar en la cama acostados con un esqueleto, es un aviso de que estamos próximo a recibir alguna noticia bastante agradable; ver que nuestros amigos y familiares más allegados se han convertido en esqueletos demuestra que nos sentimos incomprendidos por ellos, por lo cual no queremos que estén involucrándose en nuestros asuntos.

ESTABLO   Encontrarse en un establo limpio y lleno de animales es indicio de que la buena suerte nos habrá de sonreír en fecha muy próxima; limpiar un establo demasiado sucio es deseo de deshacernos de todas las personas que de manera deliberada nos han causado algún daño, que nos impide vivir con alegría.

ESTATUA   Estar convertidos en estatuas representa que nuestra vida está vacía, y necesitamos disfrutar de emociones sanas y agradables que provengan del amor de una persona del sexo opuesto; ver demasiadas estatuas a nuestro alrededor es un indicio de que somos demasiado egoístas con todas las personas que se encuentran a nuestro lado.

ESTRELLAS   Un cielo lleno de estrellas nos indica que muy pronto realizaremos un viaje placentero, en el que tendremos agradables experiencias amorosas; caminar o volar junto a las estrellas del firmamento es un aviso de que debemos vivir con mayor intensidad cada día, ya que la muerte puede llegar a nosotros en cualquier momento.

ESTUFA   Estar cocinando en una estufa algún guisado representa nuestro deseo oculto de acercarnos a personas a las que en apariencia despreciamos; cocinar algún postre o pastel dentro de la estufa, significa que nuestra vida necesita la alegría que sólo pueden brindar las inocentes sonrisas de los niños; ver una estufa llena de cochambre augura la felicidad.

EXCESOS   Soñar que comemos en exceso indica que habrá problemas difíciles que nos quitarán hasta las ganas de alimentarnos; si bebemos agua en exceso, entonces es un aviso de que muy pronto tendremos carencias económicas muy grandes; ver que otros comen o beben en forma excesiva quiere decir que tendremos abundancia de salud y alegría.

EXEQUIAS   (pompas fúnebres). Observar nuestra propias exequias, es señal de que viviremos por muchos años; asistir a las pompas fúnebres de una persona extraña, es indicio de que muy pronto un accidente o una enfermedad nos llevará al borde de la tumba; estar presente en los funerales de algún familiar es una señal de que estamos desatendiendo a nuestra familia.

EXTASIS   Cuando el embeleso es sexual, quiere decir que la felicidad que buscamos está en nuestra propia casa o muy cerca de ella; si el éxtasis es por ejercicio, significa que debemos cuidar de nuestra salud si no queremos ser hospitalizados en un futuro cercano; estar extasiados por demasiado trabajo significa que debemos descansar.

F

FABULA   Soñar con una fábula nos indica de qué forma están comportándose las personas que están a nuestro alrededor; si se es uno de los personajes de la fábula, entonces nos señala que debemos ser más cuidadosos en toda acción que emprendamos en el aspecto social.

FALSEDAD   Si nuestra esposa(o) actúa con falsedad, es indicio de que dudamos de su comportamiento, así como de la sinceridad de sus sentimientos, comportarnos con falsedad, denota nuestra inconformidad con las personas y los sucesos que enfrentamos en nuestra vida diaria.

FAMILIA   Estar reunidos en familia significa que deseamos acercarnos más a nuestros parientes, pero diversas diferencias personales y resentimiento con ellos, nos lo impiden; ser visitado por familiares lejanos es un aviso de que recibiremos alguna noticia inesperada en relación con nuestra vida familiar.

FANTASMA Ser perseguidos por un espectro demuestra nuestro terror a enfrentarnos con la realidad, por temor a que sean descubiertos nuestros errores, platicar con un fantasma, indica que debemos ser más abiertos al diálogo con cualquiera de nuestros semejantes, ya que sólo así podríamos resolver todos nuestros problemas.

FARO Ver un faro abandonado sin luz, es un presagio de que en fecha próxima nos enfrentaremos a ciertas dificultades que nos exigirán el uso total de nuestra inteligencia para resolverlas; observar un faro alumbrando las costas del mar, es un buen augurio para el éxito de los negocios que estamos en vísperas de emprender.

FASTIDIO Soñar que estamos hastiados de nuestro trabajo, indica que estamos laborando en un ambiente adverso; sentir aburrimiento de nuestra relación amorosa demuestra que hay diferencias muy grandes e insalvables con nuestra pareja, que sólo pueden solucionarse con la separación; ver a otras personas fastidiadas denota problemas en el futuro.

FATIGA Estar agotados por realizar demasiados trabajos físicos, es una señal de que debemos descansar con frecuencia durante nuestras actividades, ya que de lo contrario sufriremos alguna enfermedad; ver que nuestros semejantes están fatigados, es un indicio de que debemos colaborar más con nuestros familiares y amigos en cualquier actividad.

FAVOR   Andar pidiendo un favor a nuestros amigos es una muestra de graves problemas que nos obligarán a solicitarles su valiosa ayuda; otorgar auxilio a los demás, nos invita a ser más caritativos con nuestros semejantes; negar protección a un desconocido, quiere decir que nuestra exagerada cautela nos ha convertido en seres egoístas.

FEALDAD   Besar a una persona (hombre o mujer) fea, significa que no debemos juzgar a ninguna persona por su apariencia, realizar el acto sexual con una persona a la que siempre hemos considerado fea, es señal de que inconscientemente nos sentimos atraídos hacia ella.

FERROCARRIL   Viajar en ferrocarril, refleja nuestro deseo oculto de descansar por algún tiempo de los constantes problemas de trabajo que nunca tienen pronta solución; soñar que se descarrila el tren, es aviso de puede ocurrir un cambio en nuestras vidas.

FESTEJO   Ser agasajados por nuestros amigos, indica que nos sentimos olvidados por las personas a quienes más estimamos; estar en un banquete cívico, significa que nos gustaría contar con el reconocimiento y el respeto de todos los que nos rodean; festejar el cumpleaños de nuestro cónyuge es aviso de gran felicidad.

FIEBRE Tener fiebre muy elevada, quiere decir que nos gustaría enfermarnos para no afrontar las dificultades por las que ahora estamos pasando; estar al lado de personas que padecen fiebre es una invitación para que seamos más benevolentes con cualquier persona, sin importar ni edad ni sexo.

FIRMAMENTO Volar sobre el firmamento significa que estamos necesitados de esparcimiento y relajación, para reencontrarnos a nosotros mismos; observar el cielo durante el día es deseo inconsciente de ingerir bebidas embriagantes o drogas en exceso hasta perdernos; contemplar la bóveda celeste durante la noche es una señal de que nos sentimos demasiado oprimidos.

FLOR Obsequiar a una dama un ramo de flores rojas indica que nos despierta atracción sexual; si las flores son orquídeas quiere decir que deseamos conquistarla con lujos y riquezas. Si es la mujer la que obsequia flores a un caballero, la significación es igual; llevarle flores a un difunto nos invita a reflexionar nuestra conducta hacia los demás.

FRAUDE Ser los autores de un fraude es indicio de que muy pronto nos debemos enfrentar a un problema financiero, del cual podremos salir airosos, si actuamos con astucia, pero con honradez; si las víctimas del fraude somos nosotros, entonces sufriremos alguna mala jugada por parte de aquellas personas a quienes consideramos como amigos.

FRUTAS Soñar que nuestra mesa está llena de frescas y jugosas frutas, es un buen augurio, de que no careceremos de alimentos, a pesar de lo crítico de nuestra situación económica; estar en una huerta de árboles frutales nos previene para que disfrutemos al máximo todos los placeres que le pueden ser extraídos al amor.

FUEGO Ver que el fuego consume nuestras propiedades, sin poder evitarlo es un aviso para que seamos precavidos en el cuidado de nuestros bienes materiales; observar que el fuego ha alcanzado nuestro cuerpo y sufrimos dantescamente, quiere decir que en un futuro cercano, seremos víctimas de terribles infortunios que acabarán con nuestra vida.

FUENTE Estar sentados a la orilla de una fuente acompañados por la persona que más amamos, es señal de que debemos entregarnos corporalmente a nuestra pareja, para ser felices; aventar monedas a una fuente de deseos, es el reflejo de nuestras carencias afectivas, por lo cual debemos convivir el mayor tiempo posible con personas del sexo opuesto, sobre todo si son de nuestra edad.

GAFAS   Soñarse con lentes oscuros en un día nublado significa que deseamos ocultar a los demás la pena por la que ahora estamos atravesando; utilizar gafas de aumento excesivo, quiere decir que aún no estamos conscientes de los problemas reales que nos agobian y, por tal motivo, sufriremos graves consecuencias.

GALERIA   Visitar una galería de arte, demuestra que hemos descuidado nuestra recreación espiritual, por lo que observamos el mundo banal y llanamente; ser un artista y exponer su obra en una galería, refleja nuestro deseo por siempre insatisfecho de poder destacar en aquellas actividades para las cuales tenemos aptitudes.

GALLO   Ser despertados por un gallo que está en nuestra cama, es una señal para que tratemos de ser más puntuales en cualquier cita por insignificante que parezca; si el gallo es de pelea y nos ataca con su navaja, entonces es un mal presagio, ya que muy pronto sufriremos una agresión de alguna persona bravucona.

GANADO   Soñar que se es un importante ganadero por poseer centenares o miles de cabezas de ganado, es deseo insatisfecho de riqueza, que con dificultad podrá cumplirse si no trabajamos lo suficiente para lograrlo; ser trabajador en un gran rancho de ganado, significa que debemos comportarnos con mayor responsabilidad en nuestro trabajo.

GANGRENA   Sufrir un ataque de gangrena en cualquier parte de nuestro cuerpo, nos indica que alguna calamidad nos perjudicará, tanto moral como económicamente; estar al lado de una persona que padece gangrena, quiere decir que no debemos tener repulsión ante el dolor ajeno, sino por el contrario, compasión y benevolencia.

GAS   Si se sueña con excesivo olor a gas, estamos pasando por una etapa peligrosa de nuestra vida en la cual nuestros enemigos utilizan armas letales para dañarnos; una explosión de gas es el reflejo de nuestro temor por ser derrotados en alguna de las metas que todavía no hemos logrado alcanzar.

GATO   Ver un gato negro que se asoma por nuestras ventanas, es un aviso de que seremos avisados de la muerte de alguna persona que bien puede ser un amigo o algún familiar; hacer brujería metiendo un gato negro en agua o aceite hirviendo, es ansia de poder absoluto sobre todo el mundo que nos rodea; acariciar un gato es señal de buena suerte.

GAVIOTA   Estar en una playa observando el volar de las gaviotas es deseo insatisfecho de actuar con total libertad dentro de nuestra sociedad; soñar que se es una gaviota y se vuela sin cesar señala que en un futuro próximo nos enfrentaremos a graves problemas que nos obligarán a huir durante algunos meses o años.

GIGANTE   Soñar que un gigante nos persigue significa que tenemos temor a enfrentarnos a los grandes retos por temor a perder; ser un gigante, quiere decir que en el momento en que nos decidamos a lograrlo, podemos tener el mundo a nuestros pies; ser atacados por una fiera gigantesca es señal de que estamos enfrentando nuestros problemas con temor.

GOLPEAR   Golpear a un desconocido es una advertencia para que no confiemos en aquellas personas con las que no tenemos demasiada amistad y confianza; ser golpeados por maleantes y malvivientes, presagia algún ataque artero de parte de aquellas personas a quienes hemos ayudado, pero que nos tienen profunda envidia.

GORRA Soñar que utilizamos una bonita gorra indica que todos nuestros planes saldrán a la perfección, sobre todo en el aspecto romántico; cuando nos quitan la gorra de la cabeza, es una señal de que en un futuro muy cercano nuestros secretos más íntimos quedarán descubiertos. Si nos regalan una, tendremos nuevos amores.

GOTA Sentir gotas de agua fría sobre nuestra cabeza es un indicio de que estamos en grave peligro de ser atacados físicamente. Cuando nuestro cuerpo recibe gotas de aceite nos avisa que seremos traicionados por aquéllos que se dicen nuestros amigos; si las gotas son de vino, significa que tenemos graves diferencias conyugales por insatisfacción sexual.

GRANADA Tener una granada explosiva en nuestras manos, demuestra que nos sentimos inseguros de nuestra integridad física, por lo cual nos gustaría usar algún arma para defendernos. Si soñamos que estamos en una guerra, y somos atacados con granadas, entonces quiere decir que participaremos en una riña colectiva.

GUANTES   Usar guantes cuando estamos realizando el acto sexual con una persona que sólo acabamos de conocer, indica que nos despierta atracción física, pero no nos atrevemos a demostrárselo; traer guantes blancos cuando nos despedimos de nuestros seres queridos, quiere decir que en fecha próxima realizaremos algún viaje inesperado.

GUERRA   Soñar que estamos en guerra indica que estamos en desacuerdo con la sociedad en que vivimos y tenemos el anhelo inconsciente de que este conflicto termine con las injusticias existentes; si en la contienda sólo participan extranjeros de países lejanos al nuestro, entonces refleja nuestra ambición por conocer tierras muy lejanas a las nuestras.

GUSANOS   Ver nuestro cuerpo agusanado denota el gran temor que sentimos por la muerte, así como nuestro deseo de ser cremado cuando llegue ese momento; descubrir gusanos en nuestro plato de comida indica que por algún tiempo tendremos escasez de ingresos económicos, por lo cual no debemos de tener dispendios económicos.

ℌ

HALCON   Ver que un halcón vuela sobre nuestra cabeza indica que con facilidad nos asustamos cuando estamos cerca de un individuo más fuerte que nosotros; ser atacados por uno o varios halcones quiere decir que tememos algún ataque de parte de algún cuerpo de autoridad.

HAMBRE   Padecer hambre es indicio de que habrá gran éxito en los asuntos financieros que nos importan; ver que otros son los que la sufren, significa que deseamos que aquellas personas que nos han ofendido y por las que sentimos un odio muy especial, se vean hundidas en la más absoluta miseria.

HAREN   Ser el propietario de un harén de bellas y exuberantes mujeres, indica para el hombre que así lo sueña que se siente reprimido sexualmente; ser una de las mujeres del harén señala a la mujer que desea tener relaciones amorosas con un hombre casado, pero sus prejuicios se lo impiden.

HECHICERIA Soñar que acudimos a una persona que se dedica a la hechicería para que nos prepare alguna poción para atraer a la persona que amamos, indica que nos sentimos estériles sexualmente; ser nosotros unos hechiceros significa que el esoterismo nos apasiona bastante, pero sentimos vergüenza de reconocerlo.

HERENCIA Cuando soñamos que vamos a recibir una herencia, es un excelente augurio de que habrá gran éxito en el logro de nuestras metas; ser heredero de títulos financieros o de bienes raíces, quiere decir que corremos grave peligro de perder la mayor parte de las pertenencias que nos ha costado más trabajo adquirir.

HERIDA Estar heridos por una puñalada, indica que pasaremos momentos demasiado angustiosos, que cambiarán los planes de negocios que habíamos planeado; si la herida es por algún arma de fuego, entonces es un aviso de que muy pronto sufriremos la pérdida de un amigo a quien estimábamos en demasía.

HERMANOS Ver a nuestros hermanos en un sueño, si no vivimos con ellos, significa que nos sentimos mal por no frecuentarlos con regularidad; si nuestros hermanos nos piden ayuda en forma angustiosa es el presagio de que alguno de ellos fallecerá, después de una agonía prolongada y dolorosa.

HERRADURA   El soñar con una herradura es un indicio de que habrá progresos notables en los negocios que creíamos ya fracasados; recoger alguna herradura que encontramos en nuestro camino es buena suerte, significa que recibiremos el agradecimiento y grandes beneficios por los esfuerzos que realizamos en nuestro trabajo.

HIDROFOBIA   Soñar que un perro rabioso nos muerde es señal de que recibiremos algún disgusto del cual tardaremos bastante tiempo en reponernos; si ya estamos enfermos del mal de la rabia demuestra que nos sentimos demasiado presionados por problemas con nuestra pareja; estar recibiendo un tratamiento por padecer hidrofobia es presagio de malas noticias.

HIELO   Estar acostados sobre un gran trozo de hielo, significa que no estamos actuando con prudencia en nuestros asuntos sentimentales; vivir en una casa de hielo refleja nuestro deseo de solucionar, con frialdad, todo problema al que nos enfrentemos; tomar alguna bebida con bastante hielo es un augurio de próximas enfermedades.

HIERBAS   Caminar sobre un camino lleno de hierbas quiere decir que nos sentimos agobiados por los negocios que nos han resultado desastrosos; vivir en una casa rodeada por abundantes hierbas indica que debemos llevar una relación más amistosa con todas las personas que tratamos en nuestro trabajo.

HIJOS El soñar que nuestros retoños están enfermos es remordimiento por no cuidarlos y dedicarles más tiempo a sus problemas; ver que nuestros vástagos juegan jubilosos indica que la alegría y el bienestar inundarán nuestro hogar durante una larga temporada; tener nuevos hijos es señal de que tendremos nuevas responsabilidades.

HILOS Soñar que se está hilando u observando hilar, es un presagio de penas, trabajos o fatigas; ver un hilo negro demasiado largo nos avisa que nos enfrentaremos a grandes misterios e intrigas; tener nuestras ropas cosidas con hilos de oro significa que debemos evitar la presunción, sólo así evitaremos dificultades.

HIPOCRESIA Cuando soñamos que estamos actuando hipócritamente con nuestra(o) esposa(o) quiere decir que desconfiamos de su fidelidad; ver que otras personas actúan en forma hipócrita para con nosotros, significa que debemos actuar con decisión, pero con la mayor honestidad posible.

HOROSCOPO Soñar que leemos nuestro horóscopo refleja que estamos actuando en forma inmadura, tratando de engañar a los demás y a nosotros mismos; ver que otras personas leen sus horóscopos, quiere decir que nos estamos rodeando de personas supersticiosas y equivocadas que perjudican nuestro pensamiento.

HOSPICIO   El que sueña que se encuentra dentro de un hospicio debe aprovechar todos los momentos de libertad y esparcimiento que tenga a su alcance; ver que alguno de sus seres queridos está dentro de un hospicio, significa que en los últimos días no le hemos prestado la atención suficiente a esa persona.

HOSPITAL   Estar internado dentro de un sanatorio es un aviso de que en fecha próxima padeceremos una serie de privaciones; visitar a un familiar o amigo en un hospital, nos indica que esa persona nos brindará toda su ayuda cuando así lo necesitemos; realizar el acto sexual dentro de un hospital denota nuestro temor a contraer alguna enfermedad venérea.

HOTEL   Estar dentro de un hotel con nuestro(a) amante quiere decir que no estamos seguros de nuestros sentimientos hacia la persona con quien hemos contraído matrimonio; estar en un hotel acompañados de una persona del sexo opuesto a quien desconocemos, presagia algún nuevo romance que surgirá en forma espontánea.

HUERTO   Cortar frutas en un huerto indica que nos gustaría tener amistad íntima o romance con las personas del sexo opuesto que hemos conocido, durante los últimos días; caminar largo tiempo en un huerto significa que en el aspecto sexual, aún no hemos encontrado a la persona que nos haga felices a plenitud.

HURACAN   Soñar que estamos acompañados de nuestra familia en medio de un terrible huracán, indica que habrá grandes dificultades en nuestro hogar; si estamos solos en el huracán es un augurio de que nuestras inversiones o negocios que recién hemos iniciado deben ser atendidos sólo por nosotros.

J

IDIOTA   La persona que sueña con un estúpido está actuando en forma despótica con aquéllos que son más débiles que ella; soñar que uno mismo es el idiota, significa que no debemos mostrar todas nuestras habilidades cuando la situación no lo amerite, ya que de hacerlo nuestros enemigos podrán atacarnos con mayor facilidad.

IDOLOS   Si una mujer sueña que adora a un pene como ídolo, significa que tiene una vida sexual escasa o insatisfecha; si un hombre sueña que idolatra a una mujer que no conoce en persona, indica que está inseguro de las cualidades que le gustaría que tuviera su pareja; adorar a una vaca, es señal de que debemos actuar con inteligencia.

INAUGURACION   Cuando llegamos a soñar con una inauguración, significa que se ascenderá a una posición jamás gozada; verse a sí mismo(a) desilusionado(a) al asistir a una ceremonia, predice que no se podrán conseguir las metas propuestas.

INCESTO   Para aquéllos que llegan a soñar con prácticas incestuosas, significa que caerán de grandes sitios y que también sufrirán pérdidas en los negocios, en los que han invertido más dinero.

INCOHERENCIA   En la mayoría de los casos, soñar cosas incoherentes, denota nerviosismo y excitación extremas, debidas a la angustia de problemas circunstanciales que parecen imposibles de solucionar.

INDEPENDIENTE   Soñar que se es muy independiente señala que se tiene un rival que hará una injusticia, con consecuencias legales; si alguien sueña que obtiene independencia con la riqueza, habrá éxito para cuando lo esperaba, pero hay promesa de buenos resultados, como los deseados.

INDIFERENCIA   Si se ha llegado a soñar despreocupación significa que tendrá amigos agradables durante mucho tiempo; una joven que sueñe que su novio siente indiferencia hacia ella, advierte que dará pruebas de afecto en forma apropiada y muy emotiva; si sueña que ella es desatenta, indica, que conocerá a otra persona de la cual se enamorará.

INFANTES Cuando nosotros hemos llegado a soñar un bebé recién nacido, denota noticias agradables; una joven que sueña un infante, es presagio de tomar parte en un pasatiempo inmoral; ver una criatura nadando, predice escape afortunado de algún grave problema legal y económico.

INFIERNO Cuando se sueña que se está en el infierno, indica tentaciones que lo destruirán moral y económicamente; ver amigos en el infierno denota penas, además noticias de algún amigo que dejamos de frecuentar hace varios años. Si se está gritando en el fuego inmenso, representa incapacidad de amigos para arrancarlo de sus enemigos mortales.

INFLUENCIA Para aquella persona que sueñe rango o un ascenso por influencia de otras personas, anuncia deseos imposibles de materializar, pero si está en una posición influyente, sus perspectivas asumirán una forma brillante para coronar los sacrificios vividos.

INQUISICION Las personas que llegan a soñar con la inquisición, anuncia una larga cadena de dificultades y desengaños; al que sueña que llegó ante la inquisición, bajo la denuncia de herejía, jamás podrá defenderse de la calumnia maliciosa de aquéllos que creía sus amigos.

INSCRIPCION Apuntarse en una escuela es alegría; soñar una inscripción en una tumba, revela comunicaciones desagradables, estará angustiado por grave enfermedad. Trazar un letrero en una lápida indica la pérdida de un amigo anciano.

INSOLVENTE   El soñar que se es insolvente significa que tendremos que recurrir a robar acciones de negocios en buena forma, es posible que otras causas nos preocupen; soñar que otros son los insolventes significa que encontrarán hombres honestos en negocios que por franqueza nos causarán daños; para una joven denota que su enamorado sí es solvente, pero surgirán discordias en los asuntos económicos.

INTESTINO   Ver intestinos indica seria calamidad; si contemplamos los nuestros, muestra que una enfermedad afectará comunicaciones diarias con otras personas; también enseña probables pérdidas acompañadas de problemas conyugales. Colocar intestinos sobre un radiador que comienza a calentarse quiere decir que vendrá una calamidad que llegará en forma de mal desesperado o infortunio.

INUNDACION   Soñar ciudades en aguas turbias y agitadas presagia graves infortunios por causa de una terrible calamidad; ver seres barridos por una inundación, pronostica privaciones y desesperación que nos harán infelices; ver una zona inundada con agua indica utilidades y comodidad en nuestros negocios y nuestros romances.

ISLA   Soñar una isla significa viajes placenteros; a una mujer, indica feliz matrimonio con un hombre al que acaba de conocer; contemplarla desierta indica felicidad y dinero; observarla, denota esfuerzo y preocupaciones con obligaciones placenteras; ver gente en una isla, simboliza lucha para llegar a la cima de nuestras aspiraciones.

J

JABON Soñar que se toma el baño con un aromático jabón augura que pronto se irán de nosotros todos aquellos problemas que nos están aquejando; este sueño también es significativo para tomarlo como indicio de buenos augurios para comenzar negocios; aunque de otra forma también puede representar problemas graves.

JARDIN Quien sueña que ve o pasea dentro de un hermoso jardín, augura paz y tranquilidad, pero si se encuentra descuidado, es decir en mal estado, entonces indica enredos que le causarán problemas.

JARDINERO El ver en su sueño trabajar a un jardinero, es señal de prosperidad en los negocios; pero si se le observa perder el tiempo presagia problemas en el trabajo o negocios por causa de un fraude.

JAULA El ver una jaula vacía en su sueño, augura la posibilidad de ir a la cárcel; si la jaula se encuentra ocupada por pájaros, significa que recobrará su libertad. Este sueño posee el aprisionamiento físico, y cuestiones de tipo moral.

JINETE Verlo cabalgando, es señal de que en el consciente su alma se encuentra oprimida y en el subconsciente busca su libertad conyugal.

JOROBADO Ver a un jorobado de cualquier manera, por regla general anuncia buenos augurios, pues es señal de que vendrán bonanzas económicas, de salud, de buena fortuna, etcétera; estar jorobado es mala suerte.

JUNIO El soñar con este mes, augura insólitas ganancias en todas las actividades productivas; cuando una mujer sueñe que la vegetación se está marchitando o que la sequía erosiona la tierra, predice que tendrá penas y pérdidas con efectos permanentes.

JULIO Cuando se llega alguna vez a soñar con este mes, indica que estará deprimido por perspectivas sombrías pero que, de improviso, su espíritu conseguirá placeres inimaginables y una buena fortuna que cambiarán el rumbo de su destino.

JURADO El soñar que se es miembro de un jurado, señala

insatisfacción con su empleo y que buscará cambiar su posición; si cometemos un delito y el jurado nos declara libres de culpa, indica que sus negocios serán exitosos y que los asuntos se volcarán a su favor, pero si fuese condenado, sus enemigos lo dominarán y lo molestarán más alla de su resistencia.

JURAR El soñar con juramentos indica que habrá algunas obstrucciones en los negocios que recién iniciamos; una esposa tendrá razón al sospechar que su esposo es infiel después de este sueño, pero si sueña que está haciendo juramentos delante de su familia, habrá desacuerdos por su conducta desleal y agresiva.

JUEGO Soñar que se divierte con cualquier tipo de juego de azar, con algún enemigo, significa una señal para que guarde sus debidas precauciones; ya que pronto dará oportunidad, en la vida real, a uno de sus enemigos para que éste le haga una trastada imprevista.

JUGUETES Es señal de que ocurrirán algunos acontecimientos desfavorables, para usted, pero sin ninguna trascendencia en lo emocional.

JOVEN Soñar con su juventud, es indicativo de alegría y bienestar. Estar con una mujer joven demuestra nuestro deseo de una pasión ardiente y desenfrenada.

L

LABERINTO   Estar atrapado en uno de ellos, a veces significa graves preocupaciones por un problema que se presentará para el cual, en apariencia, no habrá solución, pero con empeño y tenacidad saldrá adelante con beneficio.

LABIOS   El soñar con bellos labios, nos augura gran bienestar en la salud; pero si éstos se encuentran resecos y partidos, entonces nos señala que son presagio de enfermedades.

LADRONES   Ver algún ladrón o ladrones penetrar a una casa, es indicativo de prosperidad en los negocios de metales y joyas preciosas.

LAGARTIJAS   Por lo general, anuncia la venida de acechanzas e intrigas por parte de nuestros enemigos, ocasionando descalabros e infortunios, originados por nuestra ignominia.

LAMPARA   Si ve una lámpara encendida en su sueño, augura bienestar económico aun cuando ésta sea moderada, o parezca muy tenue.

LÁPIDA   Soñar que la observa a distancia, es indicativo de buenos augurios; si usted es sepultado y colocan una lápida sobre su sepulcro, entonces significa que su vida estará colmada de bienaventuranzas, la paz y tranquilidad, que nos ofrece la vida conyugal.

LATA   Soñar con cualquier tipo de lata, es augurio de que pronto logrará sacar adelante alguna dificultad con la que ha tropezado o encontrará en su camino, sobre todo si es de cerveza.

LAZOS   Soñar una maraña de lazos, es señal de que encontrará gran cantidad de obstáculos para resolver los problemas por los que atraviesa en la actualidad.

LECHO   Verse recostado sobre una cama, constituye una señal de advertencia contra una serie de peligros que se ciernen sobre usted. Pero si la cama se encuentra bien presentada, significa que está o estará en una posición respetable, aunque vacío en lo moral.

LEGUMBRES   Verlas en sembradío, presagia penas y calamidades; si se trata de ajos y cebollas o rábanos, significa riña y confrontaciones contra sus compañeros de empleo o socios de los que desconfía.

LEON   Soñar que se enfrenta en una lucha contra un animal de éstos, augura enfrentamiento en la vida real (contra sus enemigos más peligrosos); si al león lo encontrase muerto, entonces indica riquezas inesperadas para quien lo sueña, o a su cónyuge.

LEPRA   Este sueño es una señal de proximidad de buenos tiempos en los que habrá abundancia y riqueza. Aunque también para algunas personas éste puede significar que la persona a quien ama no merece ese amor, ya que tampoco guarda el mismo sentimiento hacia usted o sus seres queridos.

LETRERO   Ver algún letrero en su sueño, augura que recibirá alguna indicación que le ayudará a salir sin mayor problema de un peligro que lo acechaba recientemente.

LICORES   Si quien lo sueña se ve bebiendo, el significado de este sueño es la falta de carácter para enfrentar los problemas que de cotidiano le suceden en su vida real, y emplea los licores para escudarse en la embriaguez contra todo aquello que lo aqueja desde hace varios meses.

LIGAS   Ver aparecer éstas en su sueño, es aviso de problemas en la salud, de quien lo sueña, de algún familiar o persona conocida muy allegada a él, como su amante.

LISTÓN   Ver en su sueño un listón, por lo general presagia penas y sinsabores; mientras más largo sea éste, mayor tiempo durarán los problemas.

LLAMA   Este sueño le hace saber que ante las dificultades que se presentan en la vida diaria, debe tener carácter para enfrentarlas y no amedrentarse ante cualquier problema legal.

LLAVE   Este sueño le indica que pronto encontrará la respuesta a ese problema que enfrenta, y que parecía no tener solución alguna.

LLORAR   El verse llorar en su sueño, anuncia la llegada próxima de la solución de sus pesares y aflicciones, que creíamos perdida del todo.

LLOVER   Si la lluvia que ve en su sueño no es tempestuosa, augura bonanza en los negocios; pero si es una tormenta, entonces anuncia la llegada de penurias y dificultades familiares, así como problemas en los negocios; si es una simple llovizna, es señal de que andamos buscando una aventura.

LLUVIA El soñar que se está afuera bajo una lluvia pertinaz quiere decir que gozará de los placeres de la juventud y tendrá prosperidad a largo plazo; si la lluvia cae de nubes lóbregas se sentirá asombrado por la quiebra de sus empresas y romances; observar que se aproxima la lluvia y usted escapa húmedo, augura que tendrá éxito en sus planes y sus deseos se cumplirán demasiado pronto; el estar sentado en la casa y contemplar a través de la ventana la llovizna, indica que tendrá fortuna y que un amor apasionado será correspondido; oír el golpe de la lluvia sobre el techo, indica que ha llegado bendición y alegría al hogar, habrá fortuna y riquezas en el futuro; el contemplar goteras en la casa, durante la lluvia, si el agua es clara, habrá placeres ilícitos repentinos; pero si es sucia o turbia puede esperar todo lo contrario. Verse o encontrarse lamentándose por alguna obligación que no se hizo mientras oye la lluvia, denota que usted buscará placeres a expensas del sentido de propiedad y justicia de otra persona que nos brindó su amistad; soñar que llueve sobre los demás augura que usted le quitará la confianza a algunos amigos y algunos familiares; cuando una mujer sueña que tiene la ropa mojada y sucia mientras llueve, indica que atenderá a un conocido, sin ninguna discreción y sufrirá las sospechas de amigos, por entregarse a placeres locos, e insanos que nos envilecen.

LOBO Si en su sueño aparece un lobo, es anuncio para que extreme precauciones en su negocio o trabajo, ya que su socio o compañeros de trabajo no son personas de fiar y en cualquier momento puede ser atacado por éstos, así como por sus familiares.

LOCO   Ver a una persona que ha perdido el uso de la razón, augura una larga vida, aunque también llega a significar un próximo enlace matrimonial o noviazgo.

LODO   Soñar caminar sobre una superficie lodosa, presagia que pronto pasará por carestías y aflicciones; verse enlodado, es señal de que padecerá una grave enfermedad que puede ser incurable.

LORO   Significa que pronto le llegarán noticias de la recuperación de algún familiar muy querido o conocido, que padecía una grave enfermedad que creíamos que era incurable.

LOTERIA   Si sueña que ve un billete de lotería y alcanza a ver los números de éste, es aconsejable tratar de comprarlo, ya que pudiese ser una premonición que le traería agradables beneficios materiales.

LUNA   Es señal de que en poco tiempo recuperará aquel dinero que había prestado y veía difícil recobrar; también puede significar, desgracias familiares, cuando aparezca como rodeada de bruma; pero si ésta es una luna llena, entonces augura buena salud y felicidad durante muchos años.

LUZ   Soñar que mira una luz muy brillante, augura bonanzas de todo tipo; si el destello es opaco, entonces, indica que habrá una crisis económica en nuestro hogar que cambiará nuestros hábitos.

M

MADRE   Soñar con su madre, es señal de que vivirá una temporada de bonanza y alegría; si se encuentra entre sus brazos, entonces significa seguridad en los negocios que realizamos en una institución bancaria.

MAL   Si en su sueño usted se siente mal, físicamente, significa que aun en lo referente a la vida real está en condición saludable, su bienestar sólo es referente a su cuerpo, pero en su interior existe una razón que lo hace estar intranquilo, aunque no lo parezca.

MANDAR   Bien efectuado, es señal de sensatez y equilibrio de pensamiento, buenos manejos traen buenos logros. Por el contrario, arbitrariedad y prepotencia, presagian males y desgracias que no podremos evitar.

MANOS   Si aparecen limpias y bien cuidadas, augura prosperidad en los negocios y felicidad al interior de la familia; pero si las manos que sueña fuesen velludas o huesudas, entonces presagia aflicciones, penalidades y problemas económicos graves.

MANTELES Si los manteles que ve en su sueño se encuentran limpios y bien colocados es señal de alegría y felicidad; pero si por lo contrario éstos están sucios y mal puestos significa que el que los sueña se ha comportado de una forma inapropiada con nosotros.

MANZANAS Si las manzanas están maduras, por lo general auguran felicidad y prosperidad; pero si éstas no alcanzan la plena madurez, es señal de que pronto se verá envuelto en chismes y murmuraciones. Otro de los significados que tiene este sueño, es que la manzana simboliza pecado de adulterio contra nosotros.

MAQUINA Soñar con una máquina de ferrocarril, es señal de que emprenderá nuevos negocios que es factible resulten lucrativos en estos momentos de crisis económica.

MAR Soñar con un mar que se encuentra en calma, augura alegría y bonanza en los negocios; pero si éste se encuentra agitado y tempestuoso, es presagio de que vendrán problemas y adversidades de todo tipo, que nos afligirán.

MAREA   Soñar que nos sujetamos a una tabla, mástil o roca, soportando una marea intempestiva, significa que somos unas personas de firmes convicciones y de carácter fuerte, de forma tal que lograremos salir adelante de todos los obstáculos que se nos presenten en el futuro.

MARINERO   Si en su sueño ve a un marinero, es el augurio de percances y desgracias que le pueden ocurrir en un viaje próximo por vía marítima.

MARIPOSA   Por lo general, este sueño es una señal de ligereza e inconstancia en su manera de tratar las cosas; pero si la mariposa que usted ve en su sueño es de color negro, entonces presagia desgracias y aflicciones muy próximas.

MEDALLA   Este sueño presagia que pronto otorgará un préstamo, el cual es posible jamás recupere, ya que a la persona que le es entregado, sufrirá un percance funesto, debido a su arrogante imprudencia.

MENDIGO   Contemplarse convertido en mendigo, augura fortuna y riqueza; si es otra la persona que lo es, entonces es presagio de amarguras y problemas difíciles de resolver.

MINISTRO   Soñar que un ministro le aconseja significa que vendrán graves problemas económicos que le causarán muchas aflicciones, sobre todo de índole moral y emocional.

MISA   Soñar que asiste a una, significa que tendrá un consuelo espiritual que borrará aquellas penas por las que ha pasado y que aún le atormentan.

MOLINO   Soñar que se trabaja o bien se encuentra dentro de uno de estos negocios, augura fortuna y riqueza, prosperidad en el trabajo y en los negocios que tanto le interesan.

MONSTRUOS   Verlos en el sueño, es indicio de que vendrá alegría inesperada y buena salud; por lo contrario, si éstos se encuentran a distancia, presagia conspiraciones por parte de sus enemigos; pero si quien los sueña es una mujer en estado de embarazo, le augura un parto normal del cual provendrá un bebé fuerte y sano de varios kilos.

MOSCAS   Este sueño le advierte acerca de la llegada de personas poco gratas, además de que también puede significar problemas en la empresa por tener personal excesivo que sólo le generan gastos infructuosos de los que luego nos arrepentimos.

MUEBLES   Soñar que los compra, es señal de que a base de esfuerzos, pronto logrará realizar los objetivos que se había propuesto; si los está vendiendo, anuncia que el tiempo es favorable para adquirir propiedades en bienes raíces, las cuales proveerán un sustancial incremento a su capital, lo cual resulta indispensable.

MUELLE   Soñar que pasea por éste, augura buenos negocios; soñarlo desvencijado, ruinoso, es decir en un estado de propensión para un accidente, es señal de pérdidas en sus negocios por mala administración.

MUERTE   Soñar que usted fallece y es depositado en un ataúd para ser enterrado, es augurio de alegrías y felicidad; si quien tiene el sueño se encuentra mal de salud, es señal de que pronto sanará, si se atiende con prontitud.

MULA   Ver en el sueño a un animal de éstos, es señal de crecimiento en los negocios; soñar que va cargada, presagia tropiezos en los negocios, debido a nuestra falta de previsión.

MUSEO   Llegar alguna vez a soñar con museos, indica que pasará desagradables y variadas escenas luchando por lo que parece ser su adecuada posición; además, obtendrá conocimiento útil que lo colocará a mejor nivel que el del usual curso de aprendizaje; si el museo es desagradable, tendrá muchas razones para el disgusto, que le ocasionará su amante.

MUSGO El soñar con musgo, quiere decir que reunirá posiciones dependientes, a no ser que éste crezca en buen terreno, estará favorecida con honores que le reivindicarán ante todos sus amigos.

MÚSICA Cuando se sueña que se está oyendo música armoniosa, anuncia placer y prosperidad; en caso de que se sueñe con música desafinada habrá problemas con niños maleducados e infidelidad conyugal.

MUSLO Para quienes algunas veces llegan a soñar viendo su muslo suave e inusual, indica buena suerte, pero pasajera; el ver muslos pálidos predice posible enfermedad; para una mujer joven, el admirarse los muslos indica complacencia para comprometerse en aventuras. Comer muslos de pollo es anuncio de abundancia económica en varios años.

MULETAS Soñar que las utiliza, presagia problemas de tipo económico; ver a otra persona que las emplea, augura realizaciones y logros en el trabajo o negocios; también llega a ser anuncio de recuperación de la salud, si quien lo sueña se encuentra enfermo desde hace tiempo.

MURO Anuncio de que tendrá problemas y obstáculos para lograr realizar metas trazadas, si la pared es de ladrillos. Si el muro es de hierro, entonces el triunfo está garantizado en cualquier proyecto que emprendamos.

N

NADAR   Soñar que usted nada en una alberca, es señal de comodidades y bienestar; pero si lo hace en un río caudaloso, anuncia peligros próximos, imposibles de evitar.

NAVIO   Soñar que se encuentra en él, en aguas tranquilas, augura prosperidad en los negocios; pero si, en cambio, las aguas son turbulentas, es señal de que se verá acosado por problemas y presiones en los negocios.

NAIPES   Soñar que los está jugando en sueños por pasatiempo, encontrará el logro de deseos que durante mucho tiempo le han esperanzado y pequeñas enfermedades desaparecerán de manera repentina; pero jugar al azar le acarreará dificultades de grave naturaleza moral y económica; el que pierde en el juego encontrará enemigos, si usted gana se justificará ante los ojos de la ley, pero su trabajo alcanzado se verá afectado. Cuando una mujer joven sueña que su pareja juega al naipe, deberá interrogarlo sobre sus buenas intenciones; en juegos sociales, el ver diamantes significa riqueza; si son bastos, su pareja, en la vida, será exigente y usted tendrá dificultades para explicarle sus ausencias ocasionales; los corazones, fidelidad y alrededores acogedores; las espadas significan que será viuda y sus bienes se verán afectados por un embargo financiero.

NARANJA   Cuando se sueña con un número de naranjos en buen estado, cargados de fruta madura, augura salud y alrededores prósperos; soñar que va a comer naranjas es de mal agüero: las enfermedades de conocidos o familiares serán fuente de preocupación para usted; la insatisfacción aparecerá en los círculos de negocios; si están maduras y de buen sabor, habrá una ligera etapa de mala suerte; una mujer joven que sueña con seguridad pierde a su amante.

NIEVE   Si quien lo sueña es un agricultor o campesino, augura buenas cosechas; en cambio si se trata de un comerciante, le esperan tiempos difíciles en los negocios financieros.

NUBES   Verlas blancas y esplendorosas es señal de paz y tranquilidad; en cambio si éstas se observan oscuras y amenazantes de tormenta, presagian peleas entre familiares muy cercanos a nosotros.

NUECES   Casi siempre, cuando están tiradas en el piso augura querellas familiares y problemas en el trabajo o los negocios. Si tenemos las nueces en nuestras manos significa que tendremos prosperidad.

OFERTA Soñar que adquiere algún artículo de oferta, augura la proximidad de nuevos amigos, que le brindarán una relación sincera. Significa también bienaventuranzas y alegrías.

OJOS Si los ojos que ve en su sueño son bellos, es señal de felicidad venidera. Pero si sueña que pierde alguno de los ojos, significa que habrá desgracias y aflicciones personales.

OLAS Soñar con las olas encrespadas, es señal de intrigas de parte de enemigos poderosos; si, por lo contrario, éstas son suaves y serenas, significa que encontrará pronto a una persona con la cual tendrá una buena amistad que desencadenará en un tórrido romance.

ORO Cuando usted maneja este metal en su sueño, encontrará éxito extra en todo lo que emprenda; para una mujer, soñar que entrega regalos auríferos, ornamentos o dinero, indica romance con un hombre rico pero mercenario del amor; el encontrar oro, indica habilidades superiores que le colocarán en ventaja en la carrera por honores y riqueza que tanto ha anhelado; cuando sueña que lo pierde desecha la oportunidad más grande de su vida por negligencia absurda de su parte; el soñar que encuentra una veta aurífera, denota deshonor, causado por un mal amigo(a); el que sueña que contempla el trabajo en una mina de oro, se esforzará por usurpar los derechos de los demás y deberá prevenirse de los escándalos en la empresa donde labore.

ORTIGAS Cuando en su sueño camina entre ortigas sin ser pinchado, su futuro será próspero; pero si, en cambio, lo pican, estará descontento consigo mismo y hará que otros se sientan culpables de su enojo; si una mujer joven soñara que pasa por entre ortigas, indica que será pedida en matrimonio por diferentes hombres y su decisión la llenará de terribles preocupaciones; llegar a soñar con ortigas es presagio de circunstancias difíciles y desobediencia por parte de nuestros hijos y empleados.

ÓRGANO Por lo general, soñar que se escucha sonar un órgano de gran solemnidad, anuncia dificultades para un familiar o para un conocido, muy cercano a quien lo sueña con frecuencia.

OSO   Soñar que observa correr a un oso por la llanura, es augurio de éxito en los negocios; si aparecen en manada, significa protección por parte de familiares y amigos. Si el oso lo persigue a usted, presagia penurias y angustias conyugales.

P

PACTO   Soñar que se realiza un pacto con el Diablo, es símbolo del logro de buenos negocios, aunque de manera turbia, por lo cual a futuro acarreará sobre usted males y desgracias imposibles de evitar.

PAGAR   Soñar que paga a sus trabajadores, augura ganancias cuantiosas; si es a acreedores, indicio de próximo cambio de domicilio, por comodidad y bienestar físico.

PAJA   Soñar con paja, si es un haz bien formado o un bulto cuantioso, significa abundancia para usted, en sentido económico;

si, por lo contrario, éste está quebrado o es tan sólo un montoncito, presagia escasez de amor fraternal.

PAJAROS   Soñarlos volando, augura dicha y bonanza. Soñar que mueren o son cazados, vaticina malos presagios, pues se aproximan tiempos plagados de problemas de índole económico.

PALOMAS   Soñarlas en vuelo, es señal de alegrías y bienestar dentro y fuera del seno familiar; si se encuentran en sus nidos, amoríos con una bella mujer.

PANTALON   Soñar que lo estrena, es señal de que pronto recibirá un regalo sorpresa; si, por lo contrario, es viejo o se encuentra maltratado, presagia problemas y pérdida en los negocios, que pensábamos nos harían millonarios.

PANTEON   Soñar con uno, o que se encuentra dentro de uno augura una vida larga y venturosa, la cual transcurrirá con paz y tranquilidad, hasta el final de nuestra existencia.

PECES   Si los peces que aparecen durante su sueño son grandes, es síntoma de que se aproximan tiempos de abundancia para usted; pero si fuesen pequeños y enclenques, entonces es de esperar escasez y dificultades económicas de difícil solución.

PECHOS   Si quien los sueña es hombre y éstos son atractivos y bien formados, es augurio de salud y prosperidad económica; pero si quien los sueña es una mujer, puede ser señal de una viudez próxima muy beneficiosa.

PELEA   Soñar que riñe con desconocidos, es indicativo de que pronto llegarán malas noticias; pero si la pelea la efectúa con familiares o conocidos; entonces espere recibir ayuda en su trabajo o negocios, por parte de esas personas de quienes desconfiamos.

PELUQUERO   Si quien desempeña el trabajo de peluquero es quien lo sueña, entonces esta visión presagia penas y enfermedades; en cambio si el peluquero es otra persona y su aspecto es limpio y bien presentable, entonces augura buenos negocios y prosperidad en el presente y en el futuro.

PEREGRINO   Este sueño puede significar la proximidad de épocas de alegría y felicidad; aunque en algunos casos también puede ser indicio de que ha pasado por graves penas en tiempos pasados y en los presentes.

PERLAS Este sueño casi siempre constituye una señal de advertencia de que los tiempos que se aproximan serán de problemas, penas, tristezas y hambres por nuestros despilfarros.

PERRO Si en el sueño se encuentra dormido o descansando, augura alegría y tranquilidad; pero si está ladrando, entonces debe tomar precauciones para con sus familiares y amigos, pues pudieran surgir problemas en contra de usted por falsedad.

PESTE Soñarse afectado por una enfermedad tan grave como ésta, presagia la proximidad de tiempos de bonanza que le traerán consigo cuantiosa fortuna de carácter emocional.

PESCAR Augura que pronto pasarán todos aquellos problemas e injurias por los que se había visto rodeado; indica paz y tranquilidad en la vida que nos espera.

PETACA Si aparece una, y ésta se encuentra llena, es señal de triunfos en los negocios, alegría en el hogar; pero si en cambio ésta se halla vacía, entonces presagia pesadumbres y pérdidas económicas de gran consideración.

PLATA   Verla o descubrir donde se encuentra, es señal de buena salud; si sueña que hace negocios con ella, entonces vaticina prosperidad en los negocios comerciales que hemos emprendido.

PLATO   Si el plato se encuentra lleno de comida, es señal de enlace matrimonial próximo; si es de oro, augura bonanza en los negocios; pero si el plato se rompe o está roto, entonces indica la pérdida de un buen amigo o una amante.

PLUMAS   Verlas en su sueño, augura: si son blancas o de bellos colores, alegrías y prosperidad, en cambio si son oscuras o negras, penurias y pesares.

POBRE   Ayudar a una persona pobre, augura parabienes para quien presta ayuda. Si el que sueña es el que se ve pobre, significa que pronto tendrá riquezas materiales.

POLICÍA   Soñar que es perseguido por ésta, es señal de que pronto se verá protegido y alentado a prosperar en sus empeños.

POLILLA Este sueño es una señal de que entre la gente que se encuentra cercana a usted y están a su servicio, hay quienes obran de mala fe, por envidia y resentimiento.

POZO Soñar que saca agua limpia de un pozo, augura próximo matrimonio; pero cuidado, pues si en su sueño cae al pozo, es presagio de amarguras y aflicciones, problemas en el trabajo y en los negocios que parecían exitosos.

PREMIO Si sueñas que lo recibes, señal de que tendrás logros y triunfos; si lo entregas, actuarás en forma tal que darás alegrías a tus familiares o amigos, con quienes más convives.

PUERTA Soñar que se abre una puerta, indica que derrumbará obstáculos que obstruían la continuación del sendero de su vida; si la puerta está en malas condiciones, o quemada, es síntoma de malos presagios; si sólo observa la puerta, es aviso de dicha y felicidad para el que lo sueña, como premio a su probada honestidad.

PUPITRE Verlo en su sueño significa que aquellas confabulaciones que se habían hecho, no le causarán daño alguno; si el pupitre se encuentra deteriorado, sabrá de la muerte de alguna persona apreciada por el gran afecto que nos demostró.

PULGAS   El soñar con pulgas denota que será provocado a la ira y el descontrol por las maquinaciones malévolas de aquellos que están cerca de usted y que se dicen sus amigos; en una mujer, soñar que las pulgas la pican, predice que será calumniada por amigos; ver pulgas en su amante denota infidelidad próxima y definitiva.

PULIR   Cuando se llega a soñar con pulir cualquier artículo, grandes logros lo colocarán en posiciones envidiables, en lo económico y en lo social.

PÚLPITO   Si alguna noche llega a soñar con un púlpito, denota pena y vejación sexuales; el soñar que usted está en un púlpito, predice enfermedades y resultados poco satisfactorios en negocios que creyó que serían de gran prosperidad económica.

PULSO   Soñar que un médico verifica su pulso es una advertencia para que ponga atención a sus negocios y salud con cuidado, ya que ambos se están debilitando por su falta de precaución; el soñar que siente el pulso de otro, significa que está entregado al mundo de los placeres sexuales con una persona que le hará en verdad feliz.

QUEBRANTO   Soñar que se tiene una pena es señal de que pronto recibirá un obsequio de aquella persona a quien usted ha ayudado a salir de sus problemas en forma desinteresada.

QUEMAZON   Este sueño casi siempre significa la proximidad de pérdidas de bienes o de salud, por nuestra falta total de previsión.

QUIMONO   El soñar que uno lo porta, nos indica enriquecimiento inesperado, pero si quien lo viste es algún familiar o persona ya conocida, significa malversaciones, despilfarros y calumnias para los seres queridos; verlo sólo exhibido, augura conquistas amorosas con nuevos amigos.

QUINTA　Soñarla próspera, augura bonanza en los negocios y en ocasiones la llegada inesperada de una herencia de algún familiar que pensábamos no sentía gran afecto por nosotros.

QUIROMANCIA　En el caso de que una mujer joven llegue a soñar con la quiromancia, predice que será el objeto de la sospecha, sin fundamentos, de un robo o fraude en la empresa en la que presta sus servicios; soñar que lee un libro sobre quiromancia, indica que anhela el amor de una persona que acaba de conocer. Si un hombre maduro sueña que se hace leer las manos, tendrá muchos amigos del sexo opuesto, pero su propio sexo lo condenará; si le lee las manos a mujeres de raza negra ganará distinción por su inteligente conducta; si le estudia la mano a un ministro, necesitará tener cuidado, ya que los ministros políticos son sinónimo de bajezas y corrupción, soñar que es poseedor de un tarot egipcio significa que le gustaría participar en una orgía sexual, pero sus prejuicios sociales se lo impiden; entrar a una librería y analizar libros de quiromancia refleja su temor por lo sobrenatural y lo desconocido.

QUIROPRACTICO　Soñar que se acude a un quiropráctico para que nos alivie un espantoso dolor muscular, indica que tendremos graves dificultades económicas como resultado de un accidente automovilístico en el que seremos los principales protagonistas.

ℜ

RABANOS   Verlos en sus sueños, es señal de la proximidad de buenas nuevas. Comerlos augura una vida tranquila y si acaso quien lo sueña padece de alguna enfermedad, pronto vendrá su recuperación, que será definitiva.

RAMA   Soñar caer una rama o encontrarla en el suelo es señal de fracasos en sus propósitos; si la rama o ramas que aparecen son verdes y con hojas, le augura días de paz y serenidad eterna.

RANA   Soñar una rana saltando indica que su conducta es impropia, pues denota un carácter voluble; o algunos de sus familiares más cercanos a usted es quien posee esta clase de carácter; si sólo escucha el croar de ésta, tome sus precauciones pues hay quienes preparan una confabulación contra usted a sus espaldas, por su inseguridad.

RATA   En lo general, este sueño es una señal de prevención, pues alguien muy cercano a usted planea una mala acción en su contra, por causa de un triángulo pasional.

RED   Soñar que la usa para pescar y al recogerla ésta se encuentra con una buena cantidad de peces, augura buenos tiempos para los negocios, acrecentamiento y obtención de riquezas; ver que es tejida o que usted mismo lo hace, señal de enredos y problemas pasionales.

REGADERA   Si sueña que utiliza ésta para tomar un baño, indica la pérdida de algún objeto de valor; también puede significar un descanso del ajetreo cotidiano que nos fastidia.

REGAR   Cuando se riega un jardín, es señal de correspondencia en el amor; si es un sembrador, presagia graves peligros; si se trata de la banqueta, indica la proximidad de tristezas y amarguras en nuestro hogar.

RELOJ   Señal de que su tiempo podría ser mejor utilizado; si se lo obsequian, presagia enfermedades; si, por lo contrario, lo regala, indica que podrá evitar un obstáculo que se le presentará dentro de poco tiempo.

REMAR   Pasará por un período de obstáculos y cansancio; si ve romperse el remo, la vida de usted o de alguien muy cercano está en peligro de sufrir una enfermedad transitoria.

RETRATO   Este sueño le augura una larga vida a la persona que se encuentra retratada en éste; pero si el retrato es ofrecido a usted, significa traiciones por su amante.

RIACHUELO   Si sus aguas fluyen limpias y serenas, augura buenos tiempos en su trabajo o negocio. Pero si el agua es turbia, entonces indica problemas ocasionados por sus enemigos, por venganzas enfermizas.

RIÑA   Si la riña o pelea es contra sus amigos, es señal de que debe tomar precauciones para su negocio o trabajo, pues pronto podría tener problemas en éstos, que lo dejarían en la ruina, si no actúa con la debida prudencia.

RIÑONES   Verlos en su sueño, augura buena salud y felicidad; pero si éstos se encuentran en mal estado, presagian enfermedades y pesadumbres hasta la pérdida de un ser muy querido, como puede ser nuestra madre.

RIO   Soñar que ve o nada en un río limpio y de aguas tranquilas, augura el transcurrir de una vida tranquila y próspera. Pero si, por lo contrario, éste es turbio y arrastra desperdicios, presagia intranquilidad y obstáculos en sus quehaceres, por nuestra negligencia.

ROMPER   Si lo que se rompe es un vaso, augura buena salud; si es una rama, es signo de la proximidad de graves peligros; si es una reata, pesadumbres y disgustos con nuestra pareja.

ROSARIO   Soñar que lo observa o verlo, augura bonanza en los negocios; pero si es una mujer quien lo tiene entre sus manos, sea precavido pues pretenden traicionarlo y aniquilarlo.

RUEDA   Para muchas mujeres, por lo general, cuando sueñan con ruedas veloces girando es un augurio de que su esposo se comportará indiferente e inmutable, ante las caricias que ellas le profieran; si un hombre sueña con una rueda sin movimiento, indica que se le presentara una brillante oportunidad para alcanzar el amor de la mujer que tanto ha deseado.

RUIBARBO   Cuando se sueña que crece una planta de ruibarbo en el jardín de nuestra casa, indica que gozaremos de algunas diversiones que llenarán de gozo y deleite nuestro atormentado espíritu; soñar que se va a cocinar ruibarbo es el anuncio de que perderemos a un gran amigo, como consecuencias de una tonta discusión que sostengamos con él por un asunto político; si se sueña que se come un exquisito ruibarbo, demuestra que estamos insatisfechos con la vida amorosa que estamos sosteniendo ahora.

RUIDO Cuando soñamos que escuchamos un ruido por demás extraño, se anuncian noticias desagradables acerca de un familiar muy cercano a nosotros; si el ruido con el que soñamos, es tan intenso, que nos logra despertar, entonces quiere decir que conoceremos a una persona intelectual, que con sus sabios consejos, cambiará para siempre el destino de nuestra monótona y rutinaria vida.

RUINAS Soñar con ruinas quiere decir que sostendremos una relación amorosa que puede desencadenar en el matrimonio; si las ruinas son de alguna cultura prehispánica se vislumbrarán mejores tiempos políticos en el país en el cual vivimos; si las ruinas son egipcias, se nos augura un viaje al extranjero, en el cual tendremos la oportunidad de conocer a personas con las que sostendremos aventuras amorosas inolvidables; soñar con ruinas griegas, indica que nuestra forma de pensamiento, decisión y actuación sufrirán un cambio favorable que indicará que hemos alcanzado la plenitud de nuestra madurez.

RUISEÑOR Cuando soñamos que estamos escuchando el melodioso y armónico acento de un ruiseñor, quiere decir que pasaremos por una etapa muy importante en el aspecto emocional, lo cual hará que nuestra vida sea más confortable; soñar que hay varios ruiseñores silenciosos en nuestras ventanas, es señal de malentendidos en el hogar, ocasionados por un problema de alcoholismo de uno de los miembros más jóvenes de la familia; ver que un hermoso ruiseñor cae muerto a nuestros pies, indica que surgirá en nosotros algún padecimiento físico que nos llevará a estar en la cama, durante un tiempo considerable, el cual habíamos destinado para otros propósitos.

SABIO   Soñar que dialoga con uno es señal de que pronto sabrá del engaño en el que vivía respecto a la persona amada, a pesar de su imagen.

SACERDOTE   Cuando lo ve oficiando una misa es señal de salvación para su alma; si alguna enfermedad lo aqueja, pronto se verá libre de ésta; si se encuentra predicando, significa alivio a sus aflicciones; pero si sólo lo ve caminando, es señal de buenos augurios en lo económico.

SACO   Soñar que porta un saco nuevo, puede significar o bien, buena suerte, o problemas en el trabajo. Si en cambio el saco contiene algún tipo de grano, indica infortunios en sus empresas o metas, por su falta de previsión.

SAL Soñar con ésta, es indicativo de que pronto cambiará su manera de vivir, ya que adquirirá madurez en sus actos; si en el sueño comiera ésta en grandes cantidades, entonces significa la aproximación de tiempos de amarguras y aflicciones, que nos causarán grave depresión.

SALTEADORES Si se ve sorprendido por éstos, presagia la muerte de algún ser querido causada por un accidente; o también puede augurar pérdida de bienes raíces y valores financieros.

SALUD Soñar que disfruta de un buen estado de salud, presagia la llegada de malas noticias respecto a algún ser querido que se encuentra lejos y a quien no hemos visitado en los últimos días.

SANGRE Ver perder sangre de uno mismo, indica la llegada de fortuna sorpresiva; si la sangre es de otra persona, presagia riñas familiares o dificultades en los negocios; ver sólo una gran cantidad de ésta, significa enriquecemiento sorpresivo, pero ilegal e inexplicable.

SANTO Si en su sueño aparece un santo, o usted se encuentra postrado ante él, es señal de que pronto pasará por tiempos de bienaventuranza y alegría después de la crisis que enfrentamos.

SAPO   Si en el sueño sólo ve a uno, es indicativo de prosperidad en el trabajo o negocio, ya que a través de alguna persona cercana recibirá apoyo y ayuda de parte de ésta; pero si en el sueño aparecieran varios sapos, entonces es presagio de pobrezas y aflicciones, originadas por nuestra inestabilidad emocional.

SEMBRAR   Soñar que usted se encuentra sembrando, es señal de buenos augurios para agricultores y comerciantes, ya que vendrán tiempos de bonanza y nuevos romances de gran pasión.

SEMILLAS   Este sueño es una advertencia para que usted extreme precauciones sobre la posesión de sus bienes, ya que pronto pudiera verlos amenazados con su pérdida por deudas fiscales.

SENO   Cuando es de mujer soltera, augura enlace matrimonial, si quien lo sueña es soltero; pero si se trata de una mujer casada, indica un sencillo alumbramiento; al tratarse de una persona de edad madura, obtención de riquezas considerables.

SERPIENTE   Si aparece enroscada, presagia enfermedades o prisión; soñar que mata a ésta, es augurio de triunfo sobre los enemigos, que por tantos años nos han dañado.

SOL Soñar con un sol esplendoroso, augura buenos tiempos para realizar negocios; si quien sueña es una mujer y ve el ocaso del sol, es señal de que pronto tendrá un hijo; verlo grande y rojizo, son enfermedades en los menores de edad; verlo en pleno, es señal de enriquecimiento en corto tiempo, menor del que esperábamos.

SOMBRA Soñar que se cobija bajo la sombra de un árbol frondoso, augura paz, tranquilidad y bonanza en los negocios. Ver su sombra proyectada por la luna, indica que en breve recibirá malas noticias, que resultarán falsas, pero impresionantes.

SOMBRERO Soñar que porta un sombrero nuevo, augura riqueza y felicidad; si es viejo y se encuentra deteriorado, presagia penalidades en verdad terribles.

SOPA Soñar que la consume, es anuncio de que pronto recuperará su buena salud y aquellos bienes que creía perdidos; verla caer, frustración en sus planes amorosos con nuestra pareja.

SORTIJA Ver varias sortijas en su sueño, es señal de poder; si se recibe de obsequio, augura felicidad; si la obsequia, significa que pronto dará ayuda a alguno o algunos miembros de su familia, quienes nos son desagradables.

SUBTERRÁNEO Verse dentro de uno, señala cambios en su manera de vivir, tendentes a perder comodidades y tranquilidad de la que gozaba, causada por la pérdida de la visualización de las cosas que en realidad tienen valor, pero que nunca nos satisfacen a plenitud.

SUEGRA Espere de ésta buenos consejos que le ayudarán a llevar una vida mejor; otro de los significados que puede tener este sueño es la proximidad de dificultades matrimoniales.

SUEÑO El soñar que se está durmiendo en camas limpias y bien ventiladas, indica que se contará con el apoyo de aquellas personas con las que se tiene una relación de amistad demasiado estrecha, desde hace más de diez años; estar dormido en un bosque a la intemperie indica que nos gustaría realizar el acto sexual con nuestra pareja en un lugar al aire libre, pero nos apena bastante proponérselo, por temor a que nos rechace; soñar que se duerme con un muñeco de peluche ya siendo adultos, refleja el abandono emocional en que se vive ahora; cuando se sueña que al estar dormido, se es atacado por una serpiente venenosa, se presagian las más terribles calamidades que jamás se hayan imaginado.

SUICIDIO   Soñar que vamos a suicidarnos por una deuda económica que nos es imposible pagar, augura éxito insospechado en los negocios que recién hemos comenzado; si vamos a cometer el suicidio por una desilusión amorosa, es el augurio de traiciones e infidelidades en nuestro matrimonio por incompatibilidad de caracteres; si se sueña que la persona a la que más amamos, intenta terminar su existencia con el suicidio, entonces sufriremos el abandono total de dicha persona, ya que huirá para siempre de nuestro lado por aburrimiento.

SUPLICIO   Soñar que se pasa por algún o algunos tormentos, augura éxito y triunfos en la vida; si son nuestros familiares los que atraviesan por el suplicio indica que si tienen una mala racha económica saldrán de ella.

TABERNA   Encontrarse dentro de alguna cantina acompañado de amigos, es señal de consuelo a sus aflicciones; pero si se encuentra en ésta solo, entonces presagia penas y tristezas que nos afligirán.

TACOS   Soñar que come tacos es señal de virilidad; en ocasiones este sueño, también suele significar la proximidad de una pena, aunque no es de preocuparse pues será pasajera, aunque dolorosa.

TALLER   Soñar un taller donde hay gran actividad, es señal de bonanza inesperada en los negocios; pero si, por lo contrario, éste se halla solo, sin personal alguno, presagia problemas en sus negocios, o pérdida del trabajo que tanto nos agrada.

TAPICERÍA   Verse en su sueño y observar que tapizan sus muebles, es señal de que será víctima de un abuso de confianza hecho por alguien muy cercano a usted, quizás algún hermano.

TARTAMUDO   Soñar con alguna persona que padezca de este problema, es indicio de que pronto verá resueltos los problemas que ahora le aquejan, sobre todo los de orden económico.

TAZA   Si ésta no contiene nada, es señal de que llevará una vida sencilla; si ésta está llena augura bonanza económica; soñar con varias tazas conteniendo café negro, presagia un posible fraude en el que se verá inmiscuido por culpa de quien consideramos un gran amigo.

TEATRO   Soñar que ve un teatro o está entrando en él, presagia la muerte de un ser muy apreciado por usted; si se encuentra dentro observando el espectáculo, es señal de alegrías y felicidad en la vida matrimonial.

TECHO   Soñar que lo está viendo, es señal de bonanza en los negocios. Si éste se derrumba, significa que pronto realizará nuevos negocios que resultarán muy provechosos invirtiendo poco dinero.

TELAS   Si son de buena calidad indica que sus deseos se verán realizados. Pero si éstas son de mala calidad señala lo contrario, es decir frustraciones en vez de logros y grandes alcances.

TERREMOTO   Este sueño, es señal de malos presagios pues significa muerte para quien lo sueña, o pérdida de sus propiedades y fortuna, sobre todo en el invierno.

TESTAMENTO   Si el testamento lo realiza usted, significa que habrá beneficios extras en sus ganancias. Pero si es otra la persona quien lo firma, presagia un próximo fallecimiento de nuestros padres, abuelos o tíos.

TINIEBLAS Presagia enfermedades; si en el sueño camina entre las tinieblas con precaución y cuidado, entonces este sueño significa que logrará realizar aquella meta que se había fijado y por la cual ha luchado tanto, durante muchos años.

TORMENTO Soñar que lo atormentan a usted, augura alegrías próximas; si a quien le aplican los tormentos es otra persona, cuidado, pues es señal de que tendrá problemas económicos que lo pueden conducir hasta la bancarrota, en la cual permanecerá durante mucho tiempo.

TORRE Soñar que una persona se encuentra en lo alto de una torre, es señal de dificultades para manejar a gente que se encuentra bajo sus órdenes, por su timidez y falta de decisión.

TORO Si es dueño de un toro, espere recibir ayuda de alguna persona destacada o poderosa; si lidia al toro, es señal de advertencia para que sea precavido con las personas que le proponen negocios, ya que éstas pueden arruinarlo por su excesiva confianza.

TOS Ver alguna persona tosiendo, le advierte que tome precauciones en lo que habla, pues alguna indiscreción podría traerle serios problemas; si se cubre la boca con su mano derecha, es augurio de alegrías, si lo hace con la mano izquierda, presagia problemas económicos pasajeros, pero alarmantes.

TRABAJADORES   Soñarlos trabajando, presagia quejas inevitables; que les paga a éstos, es signo de bondad hacia sus semejantes; despedirlos, anuncio de problemas y dificultades que nos llevarán a la ruina.

TRABAJO   Cuando se sueña con trabajo de tipo pesado o rudo, es el augurio de que en un futuro no muy lejano tendremos las más grandes riquezas de las que hayamos imaginado, a nuestro alcance; si el trabajo que realizamos es en un centro nocturno, entonces significa que nos gustaría divertirnos lujuriosamente, pero no lo hacemos por tener prejuicios sociales muy arraigados.

TRAGEDIA   Soñar que ocurre una grave tragedia indica que perderemos la amistad de las personas a las que teníamos en nuestra más alta estima y consideración; si la tragedia que soñamos, se debe a un fenómeno de la naturaleza, entonces es la señal de que nos veremos involucrados en un fatídico triángulo pasional, por causa del abandono en que tenemos a nuestra pareja.

TRAJE Soñar que utilizamos un traje nuevo y muy elegante, nos augura grandes alegrías, así como destacados triunfos en la profesión que ejercemos ahora; pero si soñamos que el traje que utilizamos es feo y, además, roto y viejo, se presagian pesares y tristezas inescrutables e ineludibles.

TRAPOS Soñar que nuestra cama está llena de trapos quiere decir que estamos siendo víctimas del engaño de nuestro cónyuge, como consecuencia del maltrato y los grandes disgustos que le hemos ocasionado.

TRIGO Cuando soñamos que nos encontramos en un inmenso campo, el cual está lleno de trigo dorado, es el indicio de que la prosperidad y la estabilidad emocional nos acompañarán durante un tiempo considerable, si sabemos conservarlas; soñar con un gran almacén de trigo, significa que debemos ser cautelosos en la forma en que administramos nuestros bienes materiales, ya que nos enfrentaremos a una grave crisis económica que no habíamos previsto.

TRIUNFO Soñar que se alcanza el triunfo en una carrera atlética denota que estamos actuando en forma impulsiva, por lo cual debemos ser más prudentes en todo lo que hacemos; si el éxito que soñamos es en nuestro trabajo, entonces es el reflejo de que lo que hacemos ahora está bien hecho, a pesar de que no se nos ha reconocido este mérito; si el triunfo es un logro romántico por conquistar a la persona que tanto nos subyuga con su agradable apariencia y belleza física, quiere decir que somos débiles emocionalmente.

TROFEO Cuando se sueña que se recibe un trofeo en un encuentro deportivo, significa que estamos muy cerca de alcanzar los objetivos que durante tanto tiempo nos hemos propuesto, y que creíamos ya perdidos; soñar que robamos un trofeo, indica que nos sentimos incapaces e incompetentes para lograr las metas que nos hagan sentir triunfadores.

𝔘

UBRES Soñarlas repletas, es señal de que vendrán tiempos de abundancia para usted; pero si se encuentran secas, presagian escasez de aventuras amorosas.

ULTRAJE Soñar que es ultrajado, es anuncio de que pronto recibirá gratas sorpresas; si quien lo comete es quien lo sueña; entonces presagia fracasos y frustraciones en sus metas, sobre todo en las económicas.

UÑAS Soñar que posee largas uñas, es señal de que obtendrá provechos inesperados; si son cortas, presagia pérdidas de cualquier tipo. Que le son arrancadas, advertencia de peligro de muerte por accidente.

USURA Soñar que se recurre a un usurero, pronostica problemas en su trabajo o negocios, de no ser precavido podría caer hasta la bancarrota por una mala planificación financiera.

UVAS Soñar que las compra, es signo de felicidad próxima; contemplarlas, es señal de buenos augurios, pues indica que en un futuro cercano sus problemas y pesares se verán compensados gracias a su ahínco y perseverancia en su actuar pasado y presente.

V

VACA Si la vaca es negra, es señal de que será víctima de desgracias; soñar que la ordeñan o lo hace usted mismo, augura un buen funcionamiento de sus empresas, así como de sus romances.

VAMPIROS Soñar que ve o aparecen murciélagos o vampiros, significa que pronto se verá envuelto en problemas y sinsabores por su lujuria sexual.

VELA Soñarla prendida, buenos augurios en los negocios; si se encuentra apagada, le indica que pronto se verá envuelto en una serie de problemas familiares; si aparecen varias velas encendidas, es señal de que en poco tiempo fallecerá un familiar de quien lo sueña por algún desastre.

VENGANZA Soñar que se ejecuta, es señal de que pronto se encontrará envuelto en chismes y murmuraciones propiciados por una riña, de la cual no fue el protagonista.

VENTANA Soñar que se arroja por una ventana, es indicio de pérdida en un pleito. Soñar que la ventana está cerrada, significa que tendrá que superar muchos obstáculos para lograr todos aquellos ideales que tiene planeados; si la ventana está abierta indica que recibirá ayuda para lograr sus fines.

VERRUGAS Soñar que tiene verrugas, indica que el amor que da a su ser más querido no es correspondido; verlas en otras personas, señal de ingratitud hacia sus padres.

VESTIDO Soñar con un vestido sucio y descuidado, significa que pasará por desprecios insignificantes; si es de varios colores, malos augurios ya que vendrán problemas y sinsabores por su falso orgullo.

VICTORIA Soñar que la obtiene sobre cualquier competencia, es señal de prevención pues pasará por tiempos, durante los cuales sufrirá tristezas e incertidumbres, que nunca imaginó.

VIOLETA Buenos presagios, logrará el amor deseado; si ve este tipo de flor en una estación del año que no le corresponde, indica pérdida de propiedades o de amigos muy queridos, por algún malentendido.

VÍBORA Este sueño significa envidias y traiciones de la gente que se encuentra muy allegada a usted. Soñar que la domina, atrae hacia usted todo tipo de beneficios espirituales y monetarios.

VELO Soñar el rostro de una bella mujer cubierto por un velo negro, indica que se recibirán traiciones y sinsabores por parte de la persona que consideramos como la más digna de toda nuestra confianza.

VENADOS Cuando se sueña que se ven aparecer venados en una inmensa pradera, quiere decir que se nos augura la realización de un viaje de placer a lugares en los que podremos admirar hermosos paisajes y respirar aire puro que revitalizará nuestras ganas de vivir y hacer bien todas nuestras actividades; soñar con la cornamenta de un gigantesco venado, es un aviso de que sospechamos que en un futuro no muy lejano nuestra pareja nos sea infiel sin motivo alguno.

VENDIMIA Soñar que se asiste a una vendimia es la mejor señal de que la buena salud nos acompañará en todas las actividades que realicemos; si se sueña que se participa como vendedor en una vendimia, la buena suerte actuará como compañera inseparable en pequeños y grandes negocios que se nos presentarán.

VERDUGO Soñar que un verdugo corta nuestra cabeza es, en la mayoría de los casos, el anuncio de la proximidad de graves e inevitables problemas en el hogar; si en nuestro sueño, nosotros somos los verdugos, entonces se presagia que actuaremos en forma por demás intolerante e incomprensible con los seres que siempre nos han mostrado su afecto total y desinteresado; si se sueña que el verdugo es nuestro padre, indica que le guardamos un gran resentimiento, por los momentos en que actuó en forma inflexible y despótica con nosotros.

VERDURAS Soñar con campos llenos de frescas verduras, nos señala que debemos de redoblar nuestros esfuerzos para poder alcanzar lo que durante tanto tiempo hemos deseado. Si soñamos que estamos comiendo una ensalada de verduras, quiere decir que debemos cuidar nuestra imagen ante las personas que nos atraen sexualmente, ya que ellas nos rechazan, debido a nuestra falta de esmero en el arreglo personal. El soñar que se venden verduras en una calle muy transitada, indica que obtendremos el reconocimiento social que durante tantos años se nos negó a pesar de nuestros múltiples esfuerzos y sacrificios, sobre todo económicos; soñar que somos actores de teatro, y que el público rechaza nuestra actuación arrojándonos verduras descompuestas, es el indicio de que muy pronto recibiremos comentarios sarcásticos que tratarán de restar valor a nuestros esfuerzos.

VIDRIOS Cuando se sueña con vidrios rotos, es un presagio de mala fortuna, así como de graves y muy dolorosas enfermedades que nos aniquilarán con lentitud; soñar con vidrios limpios y en buenas condiciones es la señal más propicia de que se nos auguran buenas noticias en lo económico.

VIGAS Soñar que estamos en un edificio que tiene vigas

de madera, quiere decir que tendremos triunfos importantes en lo emocional, durante los próximos días; ver que las vigas de nuestra casa están a punto de caer, significa que la estabilidad de nuestro hogar se verá deteriorada por un problema judicial.

VIENTO El soñar que sopla un fuerte viento, indica que debemos atravesar un largo camino de problemas, penas y amarguras, antes de lograr el objetivo que nos hemos propuesto; estar de vacaciones en una playa y escuchar un viento furioso, denota nuestra timidez.

VINO Soñar que ingerimos grandes cantidades de vino es el mejor indicio de que muy pronto seremos dueños de una gran fortuna como premio a los esfuerzos que hemos hecho por no entregar nuestro amor a quien tanto nos lo ha pedido; soñar que nos invitan a una copa de brandy español, o de coñac francés, indica que recibiremos el apoyo y la protección de personas poderosas.

VIOLÍN Escuchar este instrumento es augurio de bienestar en el seno familiar; soñarlo abandonado, angustia pasajera; verlo roto o en mal estado, mayor atención a sus negocios, pues de un momento a otro podrían surgir problemas en éstos, sin solución posible.

VISITAS   Soñar que las recibe, indica que emprenderá nuevos negocios. Si quien lo visita es un doctor, pronostica ganancias abundantes en sus negocios de bienes raíces.

VOLAR   Soñar que logra realizar esta proeza es un excelente augurio, pues significa que triunfará en todo aquello que emprende en su vida, por descabellado que parezca.

VOLCAN   Si se encuentra inactivo, es señal de desengaños y problemas sentimentales, para quien lo sueña; arroja lava y está en plena actividad, augura victorias y enriquecimientos en el futuro.

𝔜

YATE   Este sueño, permite ver que su personalidad es valiosa y le traerá problemas; si en el yate no viaja usted y lo ve alejarse, presagia males en el trabajo o negocios; ver que éste se aproxima a usted, augura tiempos favorables para hacer negocios sobre todo en títulos al portador.

YEDRA Si está rodeada su casa, es indicio de amistad sincera; si ésta se ve descuidada, marchitándose, presagio de fraudes en sus negocios que pueden conducirlo hasta la bancarrota permanente.

YEGUA Soñar un animal de buen ver y saludable, es señal de que tendrá por esposa a una persona bella y de buenos sentimientos; pero si está flaca y descuidada, le previene acerca de una mujer que tratará de arrebatarle sus bienes a cambio de sus caricias.

YERBAS Soñar yerbas frescas en grandes cantidades es señal de bonanza en los negocios; si se encuentra seca, anuncia que llevará una forma de vida humilde, pero con alegría; si está seca y tirada en el campo, presagia problemas de todo tipo, sobre todo emocionales.

YUNQUE Soñar que trabaja en un yunque augura prosperidad en sus negocios y una vida tranquila prolongada. Ver que otra persona trabaja en él, significa algún accidente automovilístico en el cual estaremos involucrados.

Z

ZANAHORIAS Soñar que las consume, presagia que se equivocará en decisiones acerca de los movimientos a realizar en negocios, o malas interpretaciones en sus relaciones amorosas, que pueden conducirlo, en las primeras hasta la ruina y en las segundas, al rompimiento definitivo con su ser amado, aunque haya lazos matrimoniales.

ZANGANOS Este sueño le previene, acerca de personas que trabajan para usted que, por su pereza y negligencia, pueden poner en peligro la situación económica de su empresa, taller o cualquier otro tipo de negocios que le pertenezcan.

ZANJA Soñar que cae, indicio de que sufrirá un engaño; al que la cava, augura la posibilidad de recibir una herencia cuantiosa; saltarla, presagia grave peligro en su relación familiar.

ZAPATOS Soñar que los extravía o buscarlos, es indicio de pasar por pobrezas y miseria. Ver que sus zapatos son nuevos, augura grandes ganancias; si los zapatos que sueña están sucios y desgastados, señal de prosperidad en el trabajo o negocios que pensaba improductivos.

ZODIACO   Soñar que ve alguno o varios de los signos zodiaca-
les, augura felicidad y suerte en el empleo, negocios o estudios que
estaban inconclusos.

ZOZOBRA   Si ve zozobrando al navío en el que se encuentra
usted, es señal de bonanza en los negocios; si sólo ve zozobrar la
embarcación a distancia, presagia fracasos y frustraciones, que le
harán sentirse derrotado.

ZURCIR   Augura buenos beneficios en su trabajo o negocios; si
el que zurce no es usted sino otra persona la bonanza económica y
triunfos en la vida serán para ésta sus compañeros inseparables.